Francisco de Rojas Zorrilla

No hay amigo
para amigo

Barcelona **2024**
Linkgua-ediciones.com

Créditos

Título original: No hay amigo para amigo.

© 2024, Red ediciones S.L.

e-mail: info@linkgua.com

Diseño de cubierta: Michel Mallard.

ISBN tapa dura: 978-84-9953-626-2.
ISBN rústica: 978-84-9816-231-8.
ISBN ebook: 978-84-9897-777-6.

Sumario

Brevísima presentación

La vida

Francisco de Rojas Zorrilla (Toledo, 1607-Madrid, 1648). España.

Hijo de un militar toledano de origen judío, nació el 4 de octubre de 1607. Estudió en Salamanca y luego se trasladó a Madrid, donde vivió el resto de su vida. Fue uno de los poetas más encumbrados de la corte de Felipe IV. Y en 1645 obtuvo, por intervención del rey, el hábito de Santiago.

Empezó a escribir en 1632, junto a Pérez Montalbán y Calderón de la Barca, la tragedia El monstruo de la fortuna. Más tarde colaboró también con Vélez de Guevara, Mira de Amescua y otros autores.

Felipe IV protegió a Rojas y pronto las comedias de éste fueron a palacio; su sátira contra sus colegas fue tan dura al parecer que alguno de los ofendidos o algún matón a sueldo le dio varias cuchilladas que casi lo matan. En 1640, y para el estreno de un nuevo teatro construido con todo lujo, compuso por encargo la comedia *Los bandos de Verona*. El monarca, satisfecho con el dramaturgo, se empeñó en concederle el hábito de Santiago: las primeras informaciones no probaron ni su hidalguía ni su limpieza de sangre, antes bien, la empañaron; pero una segunda investigación que tuvo por escribano a Quevedo, mereció el placer y fue confirmado en el hábito (1643). En 1644, desolado el monarca por la muerte de su esposa Isabel de Borbón y poco más tarde por la de su hijo, ordenó clausurar los teatros, que no se abrirían ya en vida de Rojas Zorrilla, muerto en Madrid el 23 de enero de 1648.

Personajes

Don Luis
Moscón
Don Lope
Fernando, criado
Don Alonso
Otáñez
Estrella
Aurora

Jornada primera

(Salen don Luis, galán, y Fernando, su criado.)

Don Luis
¡Buena mañana!

Fernando
¡Extremada!
nunca ha salido el aurora
tan hermosa como ahora.

Don Luis
¿Por qué?

Fernando
No viene afeitada:
ya se quitó el negro manto,
y ya no sale llorosa,

Don Luis
Si quiere estar más hermosa
dila que no deje el llanto.

Fernando
No lo entiendo.

Don Luis
Fácil es
lo que en tu duda prefieres;
si experimentarlo quieres
cuando enamorado estés,
enójate con tu dama,
y si llora tu rigor,
mas que te llame su amor
su propio llanto te llama;
que en tu retiro violento
y en tu repetido afán,
cada lágrima es imán
del yerro del sentimiento.

Fernando	Saber quiero en conclusión,
	¿por qué en celos y amor tanto,
	se cree mejor al llanto
	que se cree a la razón?

Don Luis	Con una evidencia admira
	la respuesta en puridad;
	el alma es una verdad,
	y el cuerpo es una mentira.
	Él se ve, y ella, invisible,
	se deja amar, mas no ver,
	él falible puede ser,
	y ella ha de ser infalible.
	De manera, que en tal calma,
	aunque obligue otra pasión,
	como las lágrimas son
	la retórica del alma,
	y en dos líneas o mitades
	habla en corrientes conceptos
	el alma a aquellos efectos
	que es fuerza que sean verdades.
	La lengua puede moverse
	de amor, fingiendo el encanto,
	mas no cuando quiere el llanto
	puede a los ojos verterse.
	Luego si distingo yo
	que entre el dudar y el sentir
	suele la lengua fingir,
	y nunca el llanto fingió,
	¿quién podrá, aunque tenga enojos,
	dejar con indigna mengua
	por las dudas de la lengua
	las verdades de los ojos?

Fernando
Ya que al Prado hemos salido,
con no ser hora de prado;
y ya que el templo has dejado
donde estabas retraído,
de San Jerónimo, quiero
saber cuál la causa es
de que tan confuso estés,
tan suspenso y tan severo.
¿Por qué andas asombrado?
don Luis, ¿qué te ha sucedido?
¿Qué censo se te ha cumplido?
¿Qué comedía te han silbado?
¿Es, dime, Estrella tu dama?
¿Estrella, digo, Señor,
la que de tu vivo amor
vuelve a habilitar la llama?
¿Acaso la has encontrado
o es que en este campo está?
¿Dime, sabe Estrella ya
que de Flandes has llegado
y que retraído esperas,
porque con valor y suerte
a don Félix diste muerte
antes que a Flandes te fueras?
dime, ¿ha de venir aquí?
un mes no ha que has venido,
y a tu tristeza rendido
vives solamente en ti.
Mas si acaso te molesta
lo que preguntado veo,
recompense mi deseo
siquiera con tu respuesta.

Don Luis
Fernando, si yo te digo

ese que reprimo ardor,
el que callo como amor
me herirá como enemigo.
Que la lengua en la ocasión
que refiere algún agravio,
se está afilando en el labio
y corta en el corazón.

Fernando   Esto quiero preguntarte.
¿Búscate airado, inhumano,
don Alonso, que es hermano
de don Félix, por matarte?

Don Luis   No, que no llega a alcanzar
don Alonso que he venido,
y como estoy retraído
y estoy fuera del lugar,
no lo ha podido saber,
ni aquestos recelos toco,
ni ya esa Estrella tampoco
tiene en mi oculto poder.
Ya en otro accidente muero
de otra luz más pura y bella,
pues de una luciente estrella
pasé a adorar un lucero.
Y este que por nuevo elijo,
es tan fino y tan distante,
que estotra es estrella errante
y estotro es lucero fijo.

Fernando   Pues cuéntame por tu vida,
¿Quién con más diestro primor
con el acero de amor
te dio en el alma la herida?

12

Don Luis	Pues muy atento has de estar,
	y no me eches a perder
	por no saber entender
	lo que le quiero contar.

Don Luis   Pues muy atento has de estar,
                y no me eches a perder
                por no saber entender
                lo que le quiero contar.
                Era la hora en que el Sol,
                fénix del cielo divino,
                si por sí mismo muriendo
                volvió a nacer de sí mismo,
                desvanecía las sombras
                que de temor o de oficio
                se amontonaron confusas
                en la cárcel del abismo.
                Sacudió la pluma el ave,
                el pájaro afiló el pico,
                desperezóse la fiera,
                chupó la flor el rocío;
                gorjeó el agua risueña,
                abrió la rosa el capillo,
                requirió el águila el prado,
                dejó la tórtola el nido,
                y fue enjugando la aurora
                cuanto sudaron los riscos;
                al tiempo que desde el templo,
                a donde estoy retraído,
                de este santo, que llamó
                (por verlos endurecidos)
                con el pedernal al pecho
                y con la trompa al oído,
                salí a divertir los ojos;
                al prado los encamino,
                doile a la vista el deseo
                y el paso arrojo al destino.
                Entro en aquel grande hibleo

o abreviado paraíso,
jardín de aquel regidor
que hizo al invierno florido.
Y apenas por sus estancias
cuadros de flores registro,
cuando hallo seca la rosa,
reparo al jazmín marchito,
cenicienta la azucena,
más cárdeno y mustio el lirio,
el clavel, rey de las flores,
en su botón escondido;
la rosa, reina del campo,
recelando algún peligro,
sacó espinas por archeros,
soldados suyos antiguos.
¿Cuál fue, me dije a mí propio,
la tempestad que ha corrido
en este mar de las flores?
¿Cuál fue el cierzo helado y frío
que leyes de primavera
trocó en preceptos de estío?
mas luego me respondí:
pero si son parecidos
el lucero allá en su cielo,
la flor acá en nuestro abismo,
no fuera correspondencia
que en tierra y cielo divisos
fuesen fijas esas flores
no siendo esos astros fijos.
Busco la causa, y no la hallo,
siéntola, aunque no la miro,
que el sentir mira sin ojos,
y acierta más que ellos mismos
vuelvo la vista, y hallé

(¡no sé como lo repito!)
una mujer, ¡qué grosero!
una dama, ¡estoy perdido!
tan bella; pero la voz
se hiela entre el labio mío.
¡Oh, quién pudiera contarlo
cómo he sabido sentirlo!
en fin, la vi; escucha atento,
y ya que no haya podido
intérprete de mi fuego
declarar su incendio activo,
juez hoy de mi labio, puedes
del modo con que la pinto,
para el tormento de amor
colegir por los indicios.
A un estanque divertida
aurora se contempló,
y aunque hermosa se miró,
también se admiró corrida.
Imitada y dividida
vio su imagen celestial,
pues como nunca otra igual
compitió con su luz pura,
se enojó con su hermosura
porque la halló en el cristal.
El Sol también que nacía
al estanque se miraba,
y el cristal se alborotaba,
como en dos soles ardía.
Riza el agua se movía,
ella se busca y se ignora,
pues como del Sol ahora
se equivocó el arrebol,
aurora se vio por Sol,

y el Sol se vio por Aurora.
Beber luego procuró,
y haciendo al cristal agravio,
puso por búcaro el labio,
porque búcaro faltó;
pero cuando reparó
que estaba el agua neutral,
y vio de fino coral
su labio entre el arrebol,
porque no fuese del Sol
se recató del cristal.
Dejó el estanque corrida,
midió el jardín, y escondido
me recaté de unas ramas
entre el verde laberinto;
fue a otro cuadro y no la hallé,
y buscarla solicito
por los avisos que un pié
dejaba en la arena escritos.
Sígola por las pisadas:
a este lado flores miro,
a estotro estampas y arenas,
y entonces dije a mí mismo:
no es posible, no, que sean
de Aurora aquestos indicios;
campo que pisare Aurora
es fuerza que esté florido;
y este en que están las pisadas
está agostado y marchito.
Y así para hallar la Aurora
escogí el mejor camino,
dejando lo señalado
y tomando lo florido.
Halléla cortando rosas,

y entre jazmines y lirios
a cárcel de un ramillete
aplicaba verdes grillos.
Y advertí, pero no quiero
andar contigo remiso,
y pues es pincel mi lengua
y mi ingenio color fino,
al olio escucha pintado
lo que estaba al temple vivo.
Es de calidad la rosa,
entre flores coronada,
que está, cuando está cerrada,
más fragante y olorosa.
Providencia fue dichosa
y no oculto disfavor,
ver que al arrancar la flor
entre espinas imprudentes,
no mudó los accidentes
ni de olor ni de color.
Causa mortal viene a ser
que aquella fragancia guarde
como la luz, que más arde
cuando ya no quiere arder.
O se viene a parecer,
porque este ejemplo concierte,
cuando ya arrancada vierte
fragancia, si no color,
cisne, que con voz de olor
se está cantando su muerte.
Pues ¿por qué causa diré,
que ya cortada la rosa,
no esté en su mano olorosa
y en otra mano lo esté?
y es, que allí su muerte ve,

y en espíritus partida
llora su muerte ofendida;
y como aquí es mejor suerte,
lo que fue señal de muerte
es indicio de su vida.
En fin, yo me llego a verla
amante, pero remiso;
con amor, pero con miedo;
sin vista, pero con tino;
porque a lo que al ver faltó
le encargué al otro sentido.
Escuchóme, tuve dicha;
respondióme, merecilo;
y para el fruto de amor
mis esperanzas cultivo.
Admitióme con los ojos
después de algunos desvíos;
compadecióse a mis quejas:
es deidad, hizo su oficio.
Y, en fin, en aquella fuente
que nace con tal peligro,
que en su propio nacimiento
conoce su precipicio,
diez mañanas ha que amantes,
con retóricos cariños,
damos al templo de amor
las almas por sacrificio.
Y porque no me conozca
por la voz de mi delito,
que soy don Luis le he encubierto,
que soy don Carlos la finjo.
Aquí la estoy esperando;
y para el cuidado mío,
por seguros mensajeros

la he enviado algunos suspiros.
Ya Estrella con esta Aurora
padece eclipses debidos,
porque cuando sale el día
no hay luz en los astros mismos.
Con achaque de gozar
de este prado, que es Narciso
que se ha enamorado al verse
en el cielo cristalino,
aurora me viene a ver
con recato y con retiro
estas mañanas de Mayo;
y como estoy retraído,
pasa plaza de piedad
lo que es cuidado fingido.
A Estrella quise, es verdad,
mas como siempre la he visto
en la noche del engaño,
eran sus rayos mentidos.
Este es el amor que guardo,
el incendio que reprimo:
aconsejarme, es error:
darme culpa, es desvarío;
no ayudarme, deslealtad;
divertir mi amor, delito.
Viva Aurora, Estrella muera,
porque en empleo tan digno,
cuando avivo aquesta llama,
estotro incendio mitigo.

Fernando

En fin, don Luis, mi señor,
¿Qué otro dolor te atropella,
y el pasado amor de Estrella
era afecto y no era amor?

a don Félix diste muerte
por Estrella; pero ahora
te das muerte por Aurora;
pues considera y advierte...

Don Luis   Fernando, aquesto ha de ser;
no tienes que aconsejar.

Fernando   A ti te toca el mandar,
y a mí toca obedecer.

Don Luis   Saber, Fernando, quería
adonde vive un amigo,
don Lope de Castro digo,
capitán de infantería,
raro humor y peregrino,
y sé que me ayudará.
Dos meses pienso que habrá
que a Madrid de Flandes vino,
y su casa no has hallado
y habrá un mes que yo llegué.

Fernando   En las Gradas pregunté
por él; pero no le he hallado
ni sé donde pueda estar.
Mas con don Lope recelo
que a componer algún duelo
está fuera del lugar.

Don Luis   Sin que ninguna le importe,
de Flandes llegó a entender
que se vino a componer
las pendencias de la corte.

Fernando	Es raro hombre; pero es tal, (Permíteme que le alabe) que sobre valiente, sabe ser amigo y puntual.
Don Luis	Mucho estimo que le abones.
Fernando	Sé sus muchas partes yo.
Don Luis	En la guerra me debió la vida en dos ocasiones; así, no olvides ahora llamarme don Carlos.
Fernando	Di.
Don Luis	Y cuando ella venga aquí... pero ya ha llegado Aurora.

(Sale Aurora, con sombrero y muletilla, y una criada.)

Aurora	¿Don Carlos?
Don Luis	¿Señora mía?
Aurora	Enviad de aquí este criado.
Don Luis	Vete, Fernando, a otra parte.
Fernando	Ya te obedece Fernando.

(Vase.)

Don Luis	No en balde, divina Aurora,

estaba gozoso el prado;
no en balde las azucenas,
generales de este campo,
por reina de la hermosura,
bella emperatriz del Mayo,
os abaten las banderas
de sus cogollos nevados.
No en balde...

Aurora   Parad ahora
la rienda a los agasajos,
que no viene mi pasión
para quedarse en mi labio.

Don Luis   ¿Pues qué traéis?

Aurora   Muchas penas.

Don Luis   ¿Qué sentís?

Aurora   Muchos cuidados.

Don Luis   ¿De dónde nacen?

Aurora   De vos.

Don Luis   ¿Pues si puedo remediarlos?

Aurora   Es sin remedio mi mal.

Don Luis   Pues, Aurora, habladme claro.

Aurora   Tan claro os pretendo hablar
en el mar de mis cuidados,

que os han de enmendar mis ojos
lo que mi lengua haya errado.

(Mira.)

Don Luis

¿Adónde miráis? ¿Qué es esto?

Aurora   .

Viene conmigo mi hermano,
que como es el postrer día
que hemos de salir al prado,
me ha acompañado por fuerza.

Don Luis

Aquí podéis apartaros.

Aurora

No tenéis que recelar,
porque él se queda allí hablando
con un caballero amigo;
y así, don Carlos, en tanto,
atendedme, no a la voz,
al afecto con que os hablo;
porque en lo escrito del alma
y en lo que el pecho ha firmado,
la acción es original
y las palabras traslados.
Señor don Carlos, yo os vi,
y yo os escuché, don Carlos,
y no sé si este accidente
fue de veros o escucharos.
¿Qué hechizo vuestra razón,
qué veneno vuestro agrado
me han dado en vaso de amor
levemente disfrazados?
ando desde que os miré
en un despierto letargo,

en un dormido desvelo,
discurriendo y vacilando.
Quiero olvidaros a veces,
pero como son hermanos
la memoria y voluntad,
hijos que el alma ha adoptado,
aunque falte la memoria,
como el amor está obrando,
aun no os empiezo a olvidar
cuando luego vuelvo a amaros.
Como en otra parte estaban
mi honestidad y recato,
al buscarme en toda yo,
en toda yo no me hallo.
Y si este amor y este afecto,
o bien le encubro o le guardo,
la polilla del deseo
me gasta el pecho a pedazos.
Guerra en Flandes del amor
arde por distintos lados:
sin munición vive el fuego,
mi honor está amotinado;
sitiada está la cordura,
el error atrincherado,
y la pasión culebrina
de fuego, aunque fuego manso,
rompió el portillo del pecho,
o expelido o arrojado,
porque en la plaza del alma
entren afectos soldados.
Señor don Carlos, yo os quiero:
dígolo mejor, yo os amo,
y aunque hago mucho en quereros,
hago más en confesarlo.

Esta noche quiero veros,
y pues no entráis en poblado
por sucesos que encubrís
y accidentes que no alcanzo,
bien podréis, siendo de noche,
ir a verme, y os aguardo
en la casa de una amiga
a quien mi amor he fiado,
que hoy la voy a visitar,
y como estéis esperando
junto a aquesta torrecilla,
pretendo enviar a llamaros.
Esta criada vendrá
por vos, estad avisado,
que a tiempo que el Sol se acueste
en el lecho de alabastro,
y las sirenas le igualen
la espuma, vellón nevado
que en transpontines de plata
el céfiro mude manso,
vendrá por vos; pero aviso,
que el veros, que el estimaros,
no os dé ocasión a romper
los límites del recato;
en mi casa no es posible
que os pueda ver; y así, allano
con la lealtad de una amiga,
de un hermano el embarazo.
Y porque ahora parece
que viene ya por el prado,
quedaos, y no respondáis
a lo que os ordeno y mando.
La obediencia es la respuesta
cuanto es debido el mandato,

que yo me voy a sentir;
pero tengo embarazado
el recelo de perderos
con el gozo de miraros.

Don Luis   Pues, Aurora, mas no aurora,
Sol, que nace por milagro
en el oriente de amor
a estos montes y estos prados,
aunque me dais esperanza,
como es verde, he imaginado
que si no la orea el viento
del favor de vuestra mano,
antes que llegue a ser flor
marchita, verá desmayos.

Aurora   Agua habrá que la cultive,
ojos tengo y vierten llanto.

Don Luis   No a costa de vuestros ojos
me deis vida, dueño amado;
demás, que este llanto es fuego
cruelísimamente manso,
que se emboza con cristal
para encender disfrazado.

Aurora   Don Carlos, ¿iréis a verme?

Don Luis   Iré, Señora, a adoraros.

Aurora   Yo enviaré por vos.

Don Luis   Yo espero.

Aurora	¡Oh, quién no os hubiera hablado!
Don Luis	¡Oh, quién no os hubiera visto!
Aurora (Aparte.)	(¡Noche, tiende el negro manto!)
Don Luis (Aparte.)	(¡Muere, Sol, en Occidente!)
Aurora	Digo que... pero quedaos.
Don Luis	Idos, Aurora, con vos,

Don Luis   Idos, Aurora, con vos,
porque si me estáis cegando
con flechas de amor, que arrojan
de vuestras cejas los arcos,
más vale estar en tinieblas
que no cegar con los rayos.

(Vase.)

(Sale Moscón tras Otáñez, ama, ella defendiéndose con un uso y una rueca, y él con un caldero de agua, mojándola.)

Otáñez   Por santa Águeda bendita,
que me lo habéis de pagar.

Moscón   De casa os tengo de echar,
exiforas maledita.

(Riégala.)

Otáñez   Mirad, Moscón, que me indigno,
¿Agua a mí? Mal me haga Dios.

Moscón (Riégala.)   Eso quisiérades vos,

que yo os regara con vino.

Otáñez   Cuando tan humilde os hablo,
eso de límite pasa.

Moscón (Riégala.)   Yo saco una ama de casa
como otros sacan un diablo.

Otáñez   Con agua ¡hay tan mala estrella!
con un cuchillo me herid.

Moscón   ¿Qué os hizo el agua, decid,
que tan mal estáis con ella?

(Riégala.)

Otáñez   Alcahuetón, ¿qué os inquieta
aquesta pobre mujer?

Moscón   Hay mucho en eso que hacer,
borracha sobre alcahueta.

Otáñez   Ya que tan revuelto estáis
contra mi enemiga suerte
a darme ahora la muerte,
decidme, ¿por qué me aguáis?

Moscón   Pellejo vacío, sí haré.

Otáñez   Pues decidlo en puridad.

Moscón   Pues muy atenta escuchad

(Suelte el caldero y hable.)

Que luego os escucharé.
Servimos en conclusión
a don Lope, ese soldado,
vos de ama, yo de criado.

Otáñez   Al caso, señor Moscón.

Moscón   Si voy a comprar recado
a la plaza con lealtad,
vos os coméis la mitad
y decís que lo he sisado.
Aunque esté ardiendo la fragua
de vuestro pecho sin tino,
todo cuanto compro en vino
me lo trastocáis en agua.
Si con paciencia devota,
aunque a veces con dolor,
conociéndoos mi Señor
echa un candado a la bota,
decís como el pecho rasca
lo que come el paladar:
«Bota mía, esto es echar
candados a la tarasca.»
y aunque más cerrada esté,
como sois bruja, y os toca,
si la guardan por la boca,
vos la chupáis por el pie.

Otáñez   ¿Eso es mal hecho? te engañas,
mi obediencia es y mi amor;
lo que guarda mi Señor
lo pongo yo en mis entrañas.

Moscón	Si alguno me baja a hablar,
	y lo estáis mirando vos,
	llegáis luego, y Dios es Dios,
	que me lo habéis de escuchar.
	Si con mi amo me río,
	me decís que soy bufón;
	si callo, soy socarrón,
	soy bestia si me desvío.
	Y si vuestra mona empieza
	a derribaros después,
	le echáis la culpa a los pies
	de lo que hace la cabeza.
	Alcahuete bajamente
	soléis llamarme, y yo sé
	que dais un recado que
	le claváis en una frente.
	En vos no hay verdad entera,
	ni aun partida en vos se mira,
	y aliñáis una mentira
	como si una novia fuera.
	Vos queréis ser la señora,
	sois escuchadora impía,
	y no comeréis un día
	por acechar una hora.
	No hay en vos palabra cierta,
	mentís más que un jugador,
	preguntáis más que un señor...
(Llaman.)	Mas llamaron a la puerta.
Otáñez	¿Quién es?
Moscón	¿Quién llama?
Otáñez	¿Quién llama?

Moscón	Eso lo sabrá después.
Otáñez	A mí toca ver quién es.
Moscón	Eso no le toca al ama.
Otáñez	Déjame, Moscón, que llegue.
Moscón	No tenéis, no, que esperar.
Otáñez	Déjame, por Dios, pasar.
Moscón	Por san Agustín, que os riegue; y puesto que no ha de ser, porque no deseéis llegar, la puerta quiero regar. ¿Quién llamaba?

(Abre.)

(Sale Estrella, cubierta con un manto, y una criada.)

Estrella (Aparte.)	Una mujer. (Ruego al cielo que te tope.) ¿Posa aquí, si no me he errado, un caballero soldado que se ha de llamar don Lope?
Moscón	Sí, Señora.
Otáñez	¡Hay tal pesar! ¡Que esto me haya sucedido!

Estrella	¿Está en casa?
Moscón	No ha venido; pero no puede tardar.
Criada	¿Qué intentas, Estrella, ya?
Estrella	Un pariente me ha contado que ha que vino este soldado de Flandes dos meses ha. Y como constante lloro un amor que ha de durar, le he venido a preguntar por don Luis, a quien adoro. Disfrazada he de saber (que es permisión de mi acierto) si acaso don Luis es muerto o si a España ha de volver. Que en la guerra es infalible (Ai no es que la fama miente) que el que es más noble y valiente tenga el riesgo más posible. seis años ha que se fue, porque a don Félix mató; si tuve la culpa yo, ya en mí la pena se ve. Celia, recelo su muerte, y este dolor me atropella, que soy su infeliz estrella y le influí mala suerte. Tal vez me doy parabién, que amor a don Luis alcanza, y mi prolija esperanza es profeta de mi bien.

Con los ojos del deseo,
linces que crió el decoro,
a un mismo tiempo le lloro,
a un mismo tiempo le veo.
Con esto, más consolada
divierto noches y días,
y con nuevas fantasías
traigo el alma alborotada.
El alma es, si lo previenes
con armonía suave,
reloj que las horas sabe
de los males y los bienes.
Y aunque don Luis ha faltado
dentro, en concertada unión,
ha soñado el corazón
la hora de haber llegado.
En fin, ¿no puede tardar?

Moscón   Que no venga es maravilla;
cada cual tome su silla
si es que le quiere esperar.

Estrella   ¿Tan puntual viene a casa?

Otáñez   Siéntense y se lo diré.

Moscón   No, yo se lo contaré.

Otáñez   Yo sé mejor lo que pasa.

Estrella   Puesto que estoy reducida
a esperar, como lo veis,
os pido que me contéis
su extraño modo de vida.

Dicenme que es singular
en el modo de vivir,
y así podré divertir
este rato el esperar.
Contadlo vos.

Otáñez   Eso sí.

Moscón (Aparte.)   (Acabóse, su hora vino;
a la mitad del camino
la he de atajar.)

Otáñez   Digo así:
mi Señor, para que empiece
con verdad, Señora mía,
se levanta cada día
sí amanece o no amanece.
Hace versos arrogantes,
de vapor, de rayo y nube,
y a una azotea se sube
para alcanzar consonantes.
Porque de laurel le enramen
tiene escrita una gaveta;
ser puede, por mal poeta
secretario de un certamen.
Sale fuera mi Señor
luego que ha poetizado,
y oye misa de soldado,
como otros de cazador;
como en tantas ocasiones
sirvió en la mar y en la tierra,
se va al Consejo de Guerra
a seguir sus pretensiones;
pero viendo el desengaño

del prolijo pretender,
va a san Felipe a coger
mentiras para su año;
como es capitán de honor,
le escuchan más aplaudido,
luego que bien ha mentido
se viene a comer mejor;
a las doce en punto trata
de comer con gran sosiego;
entra en casa, y dice luego:
—Ama, sacad la piñata.
Luego...

Moscón   Tente, que te atajo,
y no has de hablar más aquí;
ahora me toca a mí
desde la comida abajo.
Come con dos mil placeres
muy llano y desenfadado,
y habla con cada bocado
de Mastrik, Namur y Amberes;
aunque me tiene avisado,
si la guerra le provoca,
que al tiempo que se desboca
le tire yo por un lado;
que le desvalije llama:
hagolo yo sin respuesta,
y para dormir la siesta
pide el catre, que es su cama;
vámonos los dos de allí
a campar con nuestra estrella;
yo suelo comer por ella,
pero esta boba por mí;
vuelve luego a despertar,

y sale a ver a porfía,
qué pendencias aquel día
ha habido en todo el lugar;
ya del duelo prevenido
componedor muy severo,
y comprará con dinero
el saber quién ha reñido;
si el duelo en dos llega a oír
que satisfecho no está,
aunque esté acabado ya,
los hace otra vez reñir;
de amante nunca blasona,
pues sale con gran placer
a boca de noche a ver
si cae alguna gorrona;
y, en fin, por sus arcaduces
la habilita a la ocasión,
que como es su amor chanflón,
solo pasa entre dos luces.
Viene a cenar, y empezamos
a hablar del señor Infante,
que le vio en Flandes triunfante,
rompemos, desbaratamos;
«Retiróse el enemigo
(mirando este daño) a Holanda,
a Bolduque y a Celanda;»
y así el cielo me es testigo,
que todo el juicio me abolla
cuando esta tormenta pasa...
pero él ha llegado a casa.

(Sale don Lope, con coleto, tahalí, guantes, de camino, botas y sombrero
grande.)

Don Lope	Otáñez, sacad la olla.
Otáñez	Obedecerte quisiera, pero no es menester, si la olla tienes aquí.
Moscón	Y aquí está la cobertera.
Don Lope	Bella dama, Sol hermoso, jeroglífico discreto que para ser vuestra enigma con nube os habéis cubierto, explicaos con la hermosura a mi terneza o a mi ruego, y no se oculte un prodigio a lo rudo de un ingenio. ¿Qué mandáis en esta casa?
Estrella	Ahora a buscaros vengo, porque intento preguntaros qué tanto habrá...
Don Lope	Deteneos, merecedme el agasajo, ya que serviros merezco, habladme con el semblante, y no obre la voz primero; los intérpretes mejores son siempre los movimientos; debaos la voz de los ojos, que no el labio es tan discreto, que copiara por menor lo que pinta el sentimiento.

Estrella	Tan cortésmente obligáis,
	que aunque en descubrirme pierdo
	por la parte de mi fama,
	más pierdo en no obedeceros;
	y si gano en ser cortés,
	y no en la obediencia, quiero,
	por ganar la cortesía,
	perder algo del respeto.

(Descúbrese.)

Don Lope	Cuando os oí tan discreta,
	os temí muy fea, y luego
	que os he visto tan hermosa,
	que seáis muy necia temo;
	pero vos sois excepción
	de este creído proverbio,
	que no siempre la fealdad
	se ha de alzar con el ingenio.

Estrella	Pues lo que quiero saber
	es, Señor, ¿qué tanto tiempo
	habrá que a Flandes dejasteis?

Don Lope	Habrá dos meses y medio.

Estrella	¿Y en la batalla os hallasteis
	del señor Infante?

Don Lope	Bueno,
	y voto a Dios que a su lado
	le di a mi espada más cuellos
	del holandés enemigo,

(Tirale el gracioso de la capa, cuando va a hablar de la guerra.)

> Que hay en Holanda; mas dejo
> a un tiempo arrogancias mías
> y a otro lado mis sucesos,
> que en tocando en lo soldado,
> suelo errar en lo grosero.

Estrella

> Por quien quiero preguntar,
> es...

Don Lope

> Decídmelo de presto.

Estrella

> A no estar ya descubierta,
> lo preguntára sin miedo.

Don Lope

> Baste el recato en los ojos,
> dejad cansados respetos,
> que no es buen amor aquel
> que sobre fino no es ciego,
> y vos le tenéis con vista;
> ¿Quién es?

Estrella

> Es don Luis Pacheco,
> que habrá seis años que está
> en Flandes por un suceso
> que fue...

Don Alonso (Dentro.)

> Don Lope, ¿coméis?

Don Lope

> No, camarada; mas quiero...

Estrella (Echase el manto.)

Don Alonso es el que habla.
Perdónadme, caballero,
que importa que no me vea
ese que os llama, y pretendo
irme, con vuestra licencia;
pero aquesta noche os ruego,
si yo os enviáre a llamar,
que me veáis con secreto.
Adios, que me importa mucho.

Don Lope   Esperad.

Estrella   No puedo menos.
¡Que no me deje esta sombra!
¡Y que porque le aborrezco
quiere el cielo que me siga!
déme mi dolor esfuerzo.

(Vase Estrella echando el manto, y salga don Alonso, y hagala una reverencia sin conocerla.)

Don Alonso   ¿Os he estorbado, don Lope?

Don Lope   No, amigo, que mis requiebros
aun se están en las mantillas,
como el día en que nacieron;
más vulgares son mis damas,
son sin costa y de provecho,
remudo, como vestidos,
rapazas, y ahorro con esto
decir fineza, lisonja,
el desden, el valimiento,
el desprecio, grosería,
la ignominia, el galanteo;

y, en fin, las hablo y me hablan
a mi modo y a su genio,
yo en lenguaje de Brusélas,
y ellas a mí en el objeto.

Don Alonso   Yo vengo, amigo, a buscaros,
y tan sin mí vengo a veros,
que no soy quien está en mi,
que en mí está su sentimiento.

Don Lope   Pues dadle a la voz la rienda,
soltadle a la lengua el freno,
callar el mal es más daño
que decir el daño mesmo.
Entre aquel que está escuchando
y aquel que está repitiendo,
como uno presta piedades,
y otro dice sus afectos,
si el que lo escucha lo siente,
aquel que le dice a un tiempo,
cuando refiere el agravio,
va introduciendo el consuelo.

Don Alonso   Señor don Lope de Castro,
¿Sois mi amigo verdadero?

Don Lope   Yo lo fui de vuestro padre,
y ahora lo soy tan vuestro,
que por vuestra hermana Aurora
y por vos, a cualquier riesgo
pondré mi paciencia y mi vida,
y aun mi honra.

Don Alonso   Pues con eso

allá voy a declararme
o en palabras o en conceptos,
que habéis alzado la presa
al corriente de mi fuego.
¿Conocisteis a mi hermano
don Félix?

Don Lope   Es a quien debo
desde mi primera edad
el sér y el honor que tengo.
Pues bien, ¿qué se hizo don Félix?
¿No decís que está en Toledo,
y que muy presto vendrá?
decid, don Alonso.

Don Alonso   Es muerto,
porque hasta hablaros a solas,
os encubrí lo que os cuento.

Don Lope   ¿De qué enfermedad murió?

Don Alonso   Matáronle a un mismo tiempo
el achaque de una envidía,
y la herida de un acero.

Don Lope   ¿Y es vivo el que le mató?

Don Alonso   De ese accidente adolezco.

Don Lope   Pues cómo, ¡rabio de enojo!
mas decid, ¿qué tanto tiempo
habrá que murió don Félix?

Don Alonso   Seis años hará muy presto.

Don Lope	Ya está envejecido el mal,
	que esté, don Alonso, temo
	muy sesuda la venganza,
	siendo tan anciano el duelo.
	¿Quién es el que le mató?
Don Alonso	Deciros su nombre temo;
	porque si os digo quién es,
	a ley de amigo, confieso
	que vos le queréis dar muerte;
	y si se la dais, es cierto,
	que yo no quedo vengado,
	aunque quede satisfecho.
Don Lope	Pues el suceso decid.
Don Alonso	Oid, don Lope, el suceso.
Moscón (Aparte.)	(Ahora que hay duelo y pendencia
	está mi amo en su centro.)
Don Lope	Vete, Moscón; vete, Otáñez.
Moscón	Yo me voy.
Otáñez	Y yo obedezco.
Don Alonso	Estrella, una dama noble,
	cuya crueldad y despejo
	me hizo porfía el amor
	y hizo tema mi deseo,
	fue a quien adoré rendido,
	a quien veneré sujeto,

porque trajo a su hermosura
postrado mi entendimiento;
dos años, y aun más serían
los que idolatrando ciego
los balcones de su alcázar,
les di a sus hierros mis yerros;
ensordeció a mis palabras,
desatendióse a mis ruegos,
pero el escucharlos solo
lo juzgaba yo por premio;
del uso mal engañado,
riquezas y oro la ofrezco,
que como la vi diamante,
pretendí engastarla luego;
y aunque la envié una cadena
de bien excesivo precio,
cuyos ricos eslabones
enlazaron mis intentos;
con ser Estrella la piedra,
es piedra de tal extremo,
que herida del eslabon
aun no dio su piedra fuego;
pretendióla con lisonjas
un dichoso caballero,
y en el golfo del amor
miró a Estrella su iman cierto;
dichoso le dije arriba,
no merecedor, pues creo
que en lo que le quiso más,
debió merecerla menos;
oyóle con atención,
y premióle con afecto,
que amor tiene el ver dormido
y tiene el oír despierto;

mi hermano, don Félix, pues,
viéndome apenas, y viendo
que a la nave de mi vida
daba caza el pensamiento,
sacarle quiso a campaña
determinado y resuelto,
porque se apagase en sangre
lo que estuvo ardiendo en fuego;
mas como no es el valor
de los accidentes dueño,
porque También la fortuna
es madre de los sucesos,
murió don Félix, mi hermano,
a su dicha y a su esfuerzo,
que debió Estrella También
de infundir fuerte a su acero;
fuese a Milan, segun dicen,
por diligencia o por miedo,
seguíle allá, no le hallé.
Volví a Madrid; y, en efecto,
seis años ha que en mi enojo,
que es el campo de mi incendio,
para coger la venganza
iras y esperanzas siembro;
ayer en la tarde, pues,
dos personas me dijeron
que retraído se esconde
don Jerónimo en el templo,
que ha venido de servir
a su Alteza, y solo intento,
pues sois, don Lope, mi amigo...

Don Lope   Don Alonso, ya os entiendo:
que os ayude a esta venganza

queréis pedirme, y yo intento,
antes que me lo mandéis,
adelantarme primero;
que si a vuestro hermano y padre
debo honor y fama a un tiempo,
no os ha de costar vergüenza
pedirme lo que yo os debo.

Don Alonso   Este es caso de mi honor,
pues de mi amor un recuerdo
en vuestra noble amistad
solicito otro remedio.

Don Lope   Acabad y declaraos

Don Alonso   Digo, que...

Don Lope   Decidlo presto.

Don Alonso   En las cosas de la ira
está retórico el pecho,
y en las de la voluntad
se queda el labio suspenso;
y debe de ser, presumo,
que en dos distintos extremos
sanará el mal de la honra
mejor que el mal de los celos;
en esta casa primera
(Que frisa con el cimiento
de la vuestra), se ha mudado
estrella, que como veo
la luz que sus ojos vierten
airadamente severos,
mariposa racional

su hermosa luz galanteo;
solo esas tapias dividen
su casa, y su padre entiendo
que fue cuatro meses ha
a Valladolid a un pleito;
yo, pues, saltando las tapias,
de la noche en el silencio,
encargaré a la violencia
lo que no he podido al ruego;
dos venganzas me provocan
del honor y del desprecio,
ella a desdenes me ofende,
él a don Félix ha muerto;
ella fue su infeliz causa,
él de los desdenes dueño;
pues mueran a un tiempo dos,
de quien a un tiempo me ofende,
el uno con la deshonra,
y el otro con el acero.

Don Lope Al que acompaña un amigo
determinado y resuelto,
no toca saber si son
justos o injustos los medios;
vos sois mi mayor amigo,
y tan amigo soy vuestro,
que lo que por vos no hiciere,
no en este, en mayores riesgos,
no lo haré por un amigo
que en Flandes ahora dejo,
a quien dos veces la vida
en dos ocasiones debo.

Don Alonso Venganza, don Lope, amigo.

Don Lope	Serviros solo pretendo.
Don Alonso	Muera quien me ofende.
Don Lope	Muera, para que venguéis sangriento dos causas en un castigo, una injuria y unos celos.
Don Alonso	Violencias, Estrella, aguarde.
Don Lope	Pues yo en mi casa os espero, porque esta noche podáis, por estas tapias resuelto, si es cielo de las estrellas subir al octavo cielo.
Don Alonso	Pues adios, don Lope, amigo.
Don Lope	Bien ese nombre os merezco.
Don Alonso	Vendré esta noche a buscaros.
Don Lope	Yo aguardo.
Don Alonso	Adios.
Don Lope	Deteneos, y advertid, que a vuestro hermano dio muerte este caballero cuerpo a cuerpo en la campaña, sin más ventaja que él mesmo; cuerpo a cuerpo le mató,

y ha de morir cuerpo a cuerpo.

Don Alonso ¡Qué Puntual!

Don Lope Soy soldado.

Don Alonso ¡Qué activo!

Don Lope De eso me precio.

Don Alonso ¡Qué valeroso!

Don Lope Soy noble.

Don Alonso Ser vuestro esclavo prometo.

Don Lope (Aparte.) (Yo cumplo con ser amigo.)

Don Alonso Pues adiós.

Don Lope Guárdeos el cielo.

Fin de la primera jornada

Jornada segunda

(Sale Estrella y Aurora, sacan una luz, y pónenla en un bufete.)

Aurora   ¿Has estado atenta?

Estrella   Sí,
ya tu amor me has declarado.

Aurora   Pues atiende a mi cuidado,
amiga Estrella, oye.

Estrella   Di

Aurora   Ese caballero, pues,
a quien mi amor se rindió,
si por galan me obligó,
me enamoró por cortés,
sé que don Carlos se llama;
y en este continuo ardor,
como es la materia amor,
se hizo más grave esta llama;
saber quién es no he podido;
pues lo que he sabido ya,
que en San Jerónimo está
un mes habrá retraído,
si es de Madrid fui a saber;
mas, Estrella, en lo que infiero
que es don Carlos forastero
es en que sabe querer;
en el prado más decentes
nos provocaron a amores
los árboles y las flores,
los arroyos y las fuentes,

y como no puede entrar,
pues ves que está retraído
hasta que haya anochecido
en el cuerpo del lugar,
esta noche le he mandado
(tanto le llego a querer),
que amante me venga a ver,
encubierto y disfrazado;
ya tú sabes lo que pasa,
y que aunque a este amor me allano,
por don Alonso, mi hermano,
no puedo hablarle en mi casa;
y así, pues, tú me mitiga
este mi delirio ardiente,
pues tienes tu padre ausente,
y tú, Estrella, eres mi amiga;
te pido, para que sea
estudíado el mal que ignoro,
que en tu casa, con decoro,
dejes que a don Carlos vea;
verdad, amiga, te trato,
y pues ves, Estrella, ahora
que esta es tu casa y yo Aurora,
no hay que encargar el recato;
no pasarán los despojos
de amor, que es fuego veloz,
del término de la voz
y el límite de los ojos;
y esto, sí, tan cierto es,
que somos en peso igual,
yo mujer muy principal,
y él amante muy cortés;
pues, Estrella, así se vea
bien pagada tu hermosura

y te dé Dios la ventura
como si fueras muy fea;
y llegues a conseguir
cuanto procura tu mano;
y don Alonso, mi hermano,
te deje de perseguir;
así de don Luis, tu ausente,
(que hoy tu amante reconoces)
del Himeneo le goces
en el tálamo decente,
y el viento, que el alba bulle,
os mezca soplando grave,
y amor en cuna suave,
si no os acalle, os arrulle;
que al fuego me dejes ver,
que es de grados tan ajenos,
que para que dure menos
es fuerza dejarle arder.

Estrella   Cuando por ti no debiera
cumplir con mi obligación,
por solo su intercesión
pienso que te obedeciera;
a lo que pides me allano,
pues que me bastaba, Aurora,
haberme nombrado ahora
a mi amante y a tu hermano;
y aunque de Valladolid
mi padre esperando estoy,
y tuve una carta hoy
que salió para Madrid
cuatro días ha en un coche,
y aunque es pequeña jornada,
no has de ser tan desgraciada

que ha de llegar esta noche.
De tu hermano la impaciencia
os ha costado cruel
otro hermano a ti y a él,
y a mí me cuesta una ausencia;
puesto que don Luis mató
a don Félix en campaña,
no fue de su brazo hazaña,
la razón fue quien obró;
solo don Luis por pasión
dura, o por mayor trofeo,
con el buril del deseo
impreso en el corazón;
bien que yo vivo mortal
entre el amor y el desden,
pues que gozo ausente un bien
y lloro presente un mal.

Aurora   En fin, Estrella, ¿podré
                esta noche hablar mi amante?

Estrella   Y aun yo quiero estar delante,
                porque así divertiré
                esta prolija esperanza
                que tan verde ha de durar,
                que ni el tiempo la ha de ajar
                ni marchitar la mudanza.

Aurora   Pues ya le he enviado a llamar
                solo con una criada,
                que en tu amistad confiada,
                me he querido adelantar.

Estrella   Seis años de suspirar;

¡Oh qué anciano está el dolor!

Aurora

Amor que empieza, es mayor,
y este acabándose va.

Estrella

Mi amor más activo está.

Aurora

Más activo está mi amor.

Estrella

Este es fuego, el tuyo no.

Aurora

Estrella, engañada estás.

Estrella

Yo a don Luis adoro más.

Aurora

Más quiero a don Carlos yo.

Estrella

Amor que ardiendo duró,
más activo viene a ser.

Aurora

¿Cómo se puede saber?

Estrella

Porque más fuerza tendrá
el fuego que ardiendo está,
que el que no comienza a arder.

Aurora

Lo contrario es evidente,
porque en dos llamas distante,
la que arde dura menguante,
la que empieza va en creciente;
luego incendio, es más ardiente
este incendio mío, cuando
yo le voy habilitando,
pues con fuerza singular

el tuyo deja el obrar
cuando el mío empieza obrando.

Estrella   No es argumento seguido
el que llega a responderle,
tu amor puede no encenderse,
y mi amor está encendido.

Aurora   Siempre el mérito ha subido
a hacer la llama mayor.

Estrella   Tengo otro ejemplo mejor.

Aurora   Otro ejemplo sea mi apoyo.

Estrella   Yo le pongo en un arroyo.

Aurora   Yo le pongo en una flor.

Estrella   Nace un arroyo cristal
desde una fuente de plata,
préstale la Aurora grata
su mutativo caudal,
a aquel vecino raudal
le destina su albedrío,
mezcla su corriente frio
a esotra grave corriente,
y el que antes era una fuente
viene a ser undoso río.
Luego si tu amor ahora
tiene principio tan leve,
que de una fuente se mueve
cuyo cristal enamora,
¿Cómo, di, tu afecto ignora,

que no es compatible ardor
el que acreditas mayor,
pues hoy con menor corriente
tu ardiente amor es la fuente
y el rio mi ardiente amor?

Aurora   Nace allí una flor ufana,
intacta, pura y hermosa,
abre el cogollo amorosa
al albor de la mañana;
otra flor allá temprana
parasismos da de olor,
¿Pues por qué causa en rigor
la una flor a otra prefiere?
porque primero se muere
la que es más temprana flor.
Así pues, porque no ignores
en el amor que confieso
esta ventaja o exceso,
flores son nuestros amores;
y supuesto que son flores,
que una nace, otra fallece,
serán, pues la mía crece
y la tuya se limita,
flor tu amor que se marchita,
flor mi amor que reverdece.

Estrella   El arroyo viene a ser
golfo, aun cuando muerto está.

Aurora   La flor te responderá,
que es símbolo del querer.

Estrella   No arroyo deja de ser.

Aurora	Sí deja, si llega al mar.
Estrella	Mi opinión he de llevar.
Aurora	Lo que yo respondo baste.

(Sale una Criada.)

Criada	Don Carlos, por quien me enviaste,
	dice que te quiere hablar.
Aurora	Dile que entre. Estrella, amiga,
	no te vayas si deseas
	con vista ver al amor,
	ver al deseo con rienda,
	porque es tan galán don Carlos...

(Sale don Luis.)

Don Luis	Y el que a vuestra luz se entrega,
	salamandra racional,
	entre esas llamas inquietas...

(Embózase mirando a Estrella por detrás.)

	Pero ¿qué es esto qué miro?
	¡Vive el cielo que es Estrella,
	la que de este Sol de Aurora
	participa la influencia!
	su casa debe de ser,
	volverme a la calle es fuerza;
(Turbado.)	Perdonad, que yo, Señora,
	digo, que porque allá afuera

	un amigo... voy... que estando
(Aparte.)	así... un criado se queda...
	(No sé, por Dios, lo que digo,

un amigo... voy... que estando
así... un criado se queda...

(Aparte.) (No sé, por Dios, lo que digo,
y entre mi afecto y mi pena,
la turbación de los ojos
se me ha pasado a la lengua.)

Aurora Señor don Carlos, ¿qué es esto?
¿Qué novedad os sujeta
a acabar en groserías
lo que empezáis en finezas?
¿Dónde, entrando tan despacio,
queréis volver tan apriesa,
que con el paso la voz
en las palabras tropieza?
¿Con recato entráis a verme?
descubríos, don Carlos, ea,
que nadie puso hasta ahora
disfraces a la modestia;
mirad que está aquí esta dama,
y que es preciso que crea
que en mí puede haber delito,
puesto que en vos hay vergüenza.

Don Luis Por ver la que está delante...

Aurora Desechad esa respuesta,
bueno es que sea yo la dama,
y vuestro el recato sea;
descubríos.

Estrella No se descubra,
que esté embozado le deja.
¿Adónde puedes hallar

esta honestidad modesta,
este recato decente?
bueno es que cubrir se quiera,
y tú por fuerza le obligues
a la ley de tu obediencia,
si a ningún galán es bien
verle la cara por fuerza.

Aurora   Acabad, Carlos.

Don Luis (Aparte.)   (Sin duda
no me ha conocido Estrella.)

Estrella   No lo diremos a nadie.

Don Luis (Aparte.)   (Porque si me conociera,
no hiciera los celos burlas,
cuando son los celos veras.)

Aurora (Aparte.)   (Vive Dios, que esto ha de ser,
y me enoja ya.)

Don Luis (Aparte.)   (Ya es fuerza
que no me descubra aquí,
pues si a conocerme llegan,
estrella verá un agravio,
y Aurora verá una ofensa.)

Estrella (Aparte.)   (Que se recata de mí
me ha causado una sospecha.)

Aurora (Aparte.)   (Porque de Estrella se encubre,
le he de ver, aunque no quiera.

(Va a descubrirle.)   Pues lo que no puede el ruego,

ha de poder la violencia.)

(Dentro ruido de gente.)

Estrella   Pero ¿qué es esto, qué escucho?

Aurora   Ruido hacia esta parte suena.

Estrella   Desde esas tapias, dos hombres,
                    si no es que la vista mienta,
                    de mi jardín han hallado
                    verde acogida en la yerba.

Aurora   ¡Turbada estoy!

Estrella   ¡Yo confusa!

Don Luis   No vuestros alientos teman;
                    valor habrá que os ampare,
                    y espada habrá que os defienda.

(Vaya hacia la puerta Estrella, y al tiempo que diga este verso, sale don Alonso, lleno de polvo, y Moscón.)

Estrella   ¿Quién es quien rompe el sagrado
                    donde...

Don Alonso   Don Alonso, Estrella.

Estrella   Helado bronce me animo.

Don Alonso   Suspenso el dolor me deja.

Estrella   Pues ¿cómo vos en mi casa?

Don Alonso	¿Cómo mi hermana en la vuestra?
Estrella	A estas horas...
Don Alonso	Y aquí un hombre...
Estrella	Profanáis...
Don Alonso	Violar intenta...
Estrella	El sagrado de mi honor.
Don Alonso	El templo de mi nobleza.
Don Luis (Aparte.)	(Con mi enemigo encontré, y es su hermana Aurora bella: más me pesa por mi amor que por mi riesgo me pesa.)
Moscón (Aparte.)	(Púsonos el queso amor, y dimos en ratonera.)
Don Alonso (Aparte.)	(O es que miro lo que miro con los ojos de la idea, puesto que es imaginario aquello que representa...)
Aurora (Aparte.)	(¡Que el primer yerro de amor tanto castigo merezca!)
Don Alonso (Aparte.)	(¡Oh es conocido mi agravio, pues quiere el cielo que vea en mi hermana y en mi dama

tanta injuria mi impaciencia;
este hombre ha venido aquí
por Aurora o por Estrella;
si por Estrella, es el duelo
de este amor que me atormenta;
y es duelo, si es por Aurora,
de mi honor y fama mesma;
de suerte que no se libran
ni mi amor ni mi nobleza,
o de Estrella con los celos,
o de Aurora con la afrenta.)
Caballero, que encubierto,
o por indicio o por tema,
con la niebla del amor
del Sol mancháis la pureza,
decid, si queréis la vida,
¿Cuál de las luces os ciega?

Don Luis   A preguntas del enojo,
                  doy con la espada respuestas.

(Saca la espada don Luis, y siempre cubierto.)

Don Alonso   Pues yo lo castigaré
                  con mi indignación sangrienta.

(Empiezan a reñir.)

Estrella   Caballeros, ¿no miráis
                  que mi opinión se atropella,
                  mi fama padece oprobios,
                  y mi luz, confusas nieblas?

(Riñen.)

Aurora	Mételos en paz, Moscón.
Moscón	A mi cargo me lo deja; yo voy a abrir a mi amo, que en la calle nos espera guardándonos las espaldas.
Estrella	¡Ah, si don Lope viniera!

(Sale don Lope, con la espada desnuda.)

Don Lope	Don Lope está aquí: ¿qué es esto? vuestra espada se detenga; deteneos vos, caballero. Moscón, ¿cerraste la puerta?
Moscón	Sí, Señor, ya la cerré.
Don Lope	Pues vamos a la pendencia.
Moscón	El Santelmo de las riñas se apareció en la tormenta.
Don Luis (Aparte.)	(Este es, don Lope, mi amigo.)
Aurora	Infeliz suerte me espera.
Don Lope	Decidme aqueste suceso.
Don Alonso	Porque más breve lo sepas, a este hombre encontré embozado dentro desta sala mesma; esta es Aurora, mi hermana,

	y aquella mi dama Estrella.
Moscón	A escuchar quiero escurrirme,
	sin que ninguno lo entienda.

(Vase.)

Don Lope	Don Alonso, vos decís
	pocas palabras y buenas;
	pero ya está remediado.

Aurora	Gracias le doy a mi pena.

Estrella	Halló alivio mi cuidado.

Don Alonso	¿Pues cómo?

Don Lope	De esta manera.
	Vos procuraréis matar
	este caballero, y sea
	lo más presto que pudiereis,
	para que no se entretenga
	disimulado el dolor
	con máscara de prudencia;
	y si él os matare a vos
	(Quedando yo vivo), es fuerza
	que yo le mate después;
	con que a un mismo tiempo queda
	satisfecha vuestra vida
	y vuestra honra satisfecha.

Estrella	Advertid, señor don Lope...

Don Lope	Señora, yo bien quisiera

hacer lo que me mandáis,
mas no es posible que sea;

(Van a querer embestir.)

vos bien podéis esperar,
y vos esperad, y todo.

Don Alonso   ¿Por qué?

Don Lope   Porque de otro modo
                    lo tengo de remediar.

Don Alonso   Vuestras órdenes espero.

Aurora   ¡Ay del mal que es prevenido!

Don Lope   Don Alonso, ¿habéis sabido
                    quién es este caballero?

Don Alonso   Aun no lo he sabido, pues
                    recata el rostro y el pecho.

Don Lope   Pues el quedar satisfecho
                    consiste en saber quién es;
                    a pedirle por razón
                    que se descubra me incito:
                    la persona hace el delito,
                    que no le hace la ocasión.
                    Satisfacer pienso así
                    lo que procuro saber,
                    tal persona puede ser
                    que no importe que esté aquí.
                    Y ser puede al conocerle,

que importe con declararle,
más que el delito de hallarle
la circunstancia de verle.
Si la urbanidad juntáis
también con la valentía,
caballero, en cortesía
os pido, que os descubráis.
Pues descubierto en rigor,
como en vos espero ya,
vuestro semblante dará
crédito a vuestro valor.
Si no es, que como os engaña
la ira o la indignación,
no aspiráis a la opinión
y aspiráis solo a la hazaña.

Don Luis

Aunque estoy mirando yo
que no es razón resistirme,
por vos puedo descubrirme,
y por esas damas no.
Y vengo a ahorrar, en efeto,
quedándome así embozado,
a Estrella un grande cuidado,
a vos, don Lope, un aprieto;
a Aurora un desprecio aquí,
allí una satisfacción,
a vos una obligación,
y un empeño grande a mí.

Estrella

¿Qué empeño tener podéis
que a mí me pueda importar?

Aurora
(Aparte.)

Por mí os podéis declarar.
(Fingid, penas, si podéis.)

Don Alonso	Yo para reñir con vos mayor ocasión espero.
Don Lope	¿Qué obligación, caballero, puede haber entre los dos?
Don Luis	Muy grande.
Don Lope	Cumplirla sé.
Estrella	Yo os perdono mi cuidado.
Aurora	Que os descubráis he rogado.
Don Luis (Aparte.)	(¡Válgame el cielo! ¿qué haré?)
Don Alonso	Ya es el ruego desacierto, y solo me toca a mí.
Don Luis	En fin, ¿me descubro?
Don Lope	Si.
Don Luis	Pues ya estoy yo descubierto.
Don Alonso	¡Válgame el cielo! ¿qué miro?
Don Lope	¿Qué es lo que llego a dudar?
Estrella	Lo que en voz iba a exhalar se me ha quedado en suspiro.
Don Lope	¿No es este don Luis, mi amigo?

Estrella	¿Este (¡ay dolor penetrante!) no es don Luis, mi falso amante?
Don Alonso	Aqueste ¿no es mi enemigo?
Aurora	¿Luego este engañoso infiel en quien me pudo engañar?
Don Alonso	Luego le podré matar.
Don Lope	Luego he de volver por él.
Don Alonso	Muere, traidor, pues te he hallado.
Don Lope	Tente, don Alonso, digo, que este es mi mayor amigo, y he de morir a su lado.
Don Alonso	Don Lope, este caballero es el que la muerte dio a mi hermano, y quiero yo satisfacerlo primero. Contra él palabra me disteis de darle la muerte airado; pues sois noble y sois honrado, cumplid lo que prometisteis.
Don Lope	En fin, ¿este caballero es quien la muerte le dio?
Don Alonso	Don Luis es quien le mató.
Don Lope	Pues mi palabra es primero.

(Póngase del otro lado.)

Don Luis   Tened, que aunque en vos se labra
esa obligación debida,
a mi me debéis la vida,
y a él le debéis la palabra.
Luego ha de ser preferida,
por amistad y razón,
a esta corta obligación
la obligación de la vida.

Don Lope   De ambos me llego a obligar;
pero dudo en distinguir,
no con cuál he de reñir,
sino a cuál he de ayudar.

(Él en medio, y los dos quieren reñir.)

Don Alonso   Dejadme reñir por Dios,
o a vos me indigno cruel.

Don Lope   Dejadme reñir con él,
o he de reñir con los dos.

Don Alonso   No os llamen vuestros desvelos
a negar esta evidencia.

Estrella   ¡Ah, si en aquesta sentencia
tuvieran voto mis celos!

Don Lope   ¿Mi obligación no advertís?

Don Alonso   ¿No veis lo que os he obligado?

Don Lope	¡Quién no os hubiera rogado que os descubrierais, don Luis!
Don Alonso	A darle muerte me arrojo, vuestro el castigo ha de ser; ¡Cielos, quién pudiera hacer instrumento de mi enojo!
Don Lope	¿Pues cómo un medio eligiera con que a los dos igualara?
Una voz (Dentro.)	Llega a aquesta puerta, para en esta casa primera.
Don Lope	Coche a la puerta ha parado.
Aurora	¿Qué será?
Estrella	¡Toda soy hielo! que es de mi padre recelo, que a esta ocasión ha llegado.
Don Lope	Pues, Estrella, ¿qué os turbáis?
Estrella	¡Ay infelice! ¿qué haré? mas un remedio os daré si obedecerme intentáis: ya vos sabéis que se pasa (pero si no, lo sabed) del jardín, por la pared, fácilmente a vuestra casa. Si a ser soldado cumplís, si mi honor queréis lograr,

con vos os podéis llevar
a vuestra casa a don Luis.
Y vos, a mi padre ahora
diréis (si os llegare a ver)
que Aurora me vino a ver,
y que venís por Aurora;
y esto ha de ser sin tardanza.

Don Lope   El primero he de arrojarme.

Don Alonso   Yo ¿cuándo podré vengarme?

Estrella   Tiempo hay para la venganza.

Don Lope   Don Alonso.

Don Alonso   ¿Qué decís?

Don Lope   ¡A grande empeño me atrevo!
a don Luis conmigo llevo,
yo os entregaré a don Luis.

Don Alonso   Pues a vuestra casa iré.

Don Lope   Yo espero.

Estrella   ¡Infeliz amor!

Aurora   Murió mi esperanza en flor.

Don Alonso   Pero yo me vengaré.

Estrella   ¡Muerta vivo!

Aurora	¡Voy sin mí!
Estrella	¡Confusa y celosa estoy!
Don Lope	¿No venís, don Luis?
Don Luis	Ya voy.
Estrella	Presto, que vendrán aquí; aurora, tú ven conmigo.
(Aparte.)	(De ella me pienso informar.)
Don Luis	¿Que a Aurora no puedo hablar?
Don Lope	¿No me sigues?
Don Luis	Ya te sigo.
Don Lope	¡Qué cuidados!
Don Luis	¡Qué recelos!
Aurora	¡Qué desdichas!
Estrella	¡Qué dolor!
Aurora	¡Qué haya quien sufra al amor!
Estrella	¡Qué haya quien sufra a los celos!

(Vanse.)

(Sale Moscón y Otáñez.)

Otáñez	Moscóncito, el más honrado
	que se vio en fruta picar.
Moscón	¿Qué me queréis preguntar?
Otáñez	Cuéntame lo que ha pasado.
Moscón	No quiero.
Otáñez	Tú eres terrible.
Moscón	Si te llamaras Inés,
	yo lo dijera después;
	pero a Otáñez no es posible;
	¿En qué ley de chismes hallas,
	que yo cuente lo que sé?
Otáñez	No vales esto.
Moscón	¿Por qué?
Otáñez	Porque eres criado y callas.
Moscón	Tú por mí podrás hablar
	todo aquello que he callado,
	porque hablas más que un soldado
	acabado de llegar.
Otáñez	El bestionazo ya empieza.
	¿Quieres de mi pena en pago,
	que de los cuentos que trago
	se me haga alguna dureza?
	yo soy mujer singular,
	pues con cuentos inhumanos,

74

como otras no se dan manos,
no me doy boca a chismar.

Moscón   ¿Con qué cara un hombre honrado
te ha de decir lo que pasa,
y que de Estrella en la casa
vimos un hombre embozado?
¿Yo había de contar ahora,
que don Alonso salió,
y que cuando a Estrella halló
encontró a su hermana Aurora?
¿Yo había de contar aquí,
que como en paz los metió,
que el hombre se descubrió,
y que escondido le vi?
¿Que es don Luis, y que es su amigo,
y que confusos se ven,
y que don Luis es También
de don Alonso enemigo?
¿Que los engañé esta noche
con una invención muy rara,
pues diciendo, para, para,
al emparejar un coche,
que era de Estrella, creyeron,
el ausente padre anciano;
y uno a pie y otros a mano,
luego desaparecieron?
¿Y que he sabido después
de un ordinario de allá,
que en Valladolid está
su padre todo este mes?
¿Yo había de contarlo, yo,
no más de porque lo sé?
cuantos vicios hay tendré;

pero el ser parlero, no.

Otáñez   Ni yo el saberlo he intentado,
aunque mis ruegos se ven;
por eso te quiero bien,
porque eres hombre callado.

Moscón   Eso es lo que has de alabar,
porque tú a mí me prefieres,
y eres, como otras mujeres,
amiga de preguntar.

Otáñez   Hacia este lado te pasa,
que pienso he sentido ruido.

(Sale Fernando.)

Fernando (Aparte.)   (Si las señas no han mentido,
aquesta ha de ser la casa,
y de este cuidado salgo,
que mi deseo percibe.)
¿Don Lope de Castro, vive
en aquesta casa, hidalgo?

Moscón   Si vive.

Fernando   ¿Está en casa?

Moscón   No.

Fernando   ¿A qué hora vendrá?

Moscón   No sé

Fernando	Diga usted, ¿le esperaré a que venga?
Moscón	¿Qué sé yo?
Fernando	¿Ha cenado?
Moscón	¡Hay tal pregunta!
Fernando	¿Duerme fuera?
Moscón (Aparte.)	(Di en la trampa.)
Fernando	¿Vínose a mudar?
Moscón (Aparte.)	(Ya escampa.) hidalgo, mucho pregunta.

(Muy recio.)

Fernando	Lo que yo vengo a saber, si lo llegare a dudar, lo tengo de preguntar.
Moscón	Yo no le he de responder.
Fernando	Pues su enojo me provoca y estamos solos los dos, le he de sacar, voto a Dios, las palabras por la boca.
Moscón	¡Qué esto sufro y no me indigno! el que llegare a entender, que yo le he de responder...

Fernando	Miente, y tome de camino.

(Dale un bofetón.)

Moscón	De vuestro espacio me espanto, señor, ¿pues por qué razón, para darme un bofetón, me preguntábades tanto? habla más, ¿pues se concierta vuestra sinrazón airada de darme una bofetada, y tomar luego la puerta? un poquito me he enojado.
Fernando	Un bofetón le pegué, y yo le defenderé.
Moscón	Y yo me pondré a su lado.
Fernando	Irme ahora determino.

(Hace que se va, y Moscón tras él.)

Moscón	Mire, de esta sinrazón no he sentido el bofetón.
Fernando	¿Pues qué?
Moscón	El tome de camino.
Fernando	Lo que hace mi mano airada que suene en el mundo crea.

Moscón	Si no es que una nariz sea,
	no habrá cosa más sonada.
Fernando	Voyme, pues que no le ofendo,
	y el duelo no le disgusta.
Moscón	Mire.
Fernando	¿Qué quiere?
Moscón	Si gusta
	que yo le vaya sirviendo.

(Vase Fernando.)

(Salen don Luis y don Lope, llenos de polvo.)

Don Lope	Ya hemos saltado a mi casa.
Don Luis	Ahora, amigo don Lope,
	los brazos me dad deseados,
	para que en lazos mejores
	nuestra primera amistad
	o se estreche o se conforme.

(Abrázanse.)

Don Lope	Limpia, Moscón, a don Luis.
Moscón	Ahora salió de aquí un hombre
	que sacude bien el polvo.
Don Lope	Echale a esa puerta el golpe.

Moscón	Ya he cerrado como mandas.
Don Lope	¿Otáñez?
Otáñez	¿Qué me dispones?
Don Lope	Tú y Moscón, os salid fuera.
Otáñez	La gran desorden trae orden;
	mas aunque falte quien mire,
	no me faltará quien oye.

(Vanse los dos.)

Don Lope   El empeño en que los dos
estamos, ya le conoces:
de matarte di palabra,
pues encubriéndome el nombre,
don Alonso en mí libró
sus venganzas y rigores;
la vida te debo a ti;
a él la palabra, soy noble;
engañarle es deslealtad,
no ayudarte a ti es desorden.
Pues dese solo un arbitrio,
librado en mis dilaciones;
ardid hay en los peligros,
medicina en los dolores;
tú, pues, amigo don Luis,
ni le busques ni ocasiones,
él no ha logrado tu dama,
no, pues, otra injuria apoyes.
Ya una sangre derramastes,
no esotra sangre despojes;

	témele, que es valentía,
	aliéntate con temores,
	haz prudencia la razón
	y no la venganza apoyes,
	que tal vez para el amago
	suele indignarse el estoque.
(Llaman recio.)	Mas llamaron a la puerta,
	en esta cuadra te esconde.

Don Luis

> Don Alonso es el que llama,
> no he de esconderme.

Don Lope

>   No tornes
> a resucitar cenizas
> de estos difuntos carbones;
> si el que agravia no ha de huir,
> no ha de buscar, y no ignores
> que se traen anticipado
> castigo las sinrazones.

Don Luis

> Escucharé lo que pasa,
> pero dado que me importe,
> he de salir a matarle;

(Llaman recio.)

> A aquestos segundos golpes
> respondo con la obediencia.

(Escóndese.)

(Abre don Lope, y sale Aurora turbada.)

Don Lope

> Don Alonso, entrad adonde...

Aurora

> Señor don Lope, si sois
> tan piadoso como noble,

o si en vuestro heroico amparo
también desdichas se acogen,
sabed, que ahora mi hermano,
sospechosamente indócil,
poniendo dolo en mi honor,
al castigo se dispone,
porque viendo que conmigo
halló embozado aquel hombre,
o pensando que le encubren
o le premian mis favores,
intentó (¡difunta estoy!)
con su acero (¡qué rigores!)
cobrar (la imaginación
tiene fuerzas superiores)
la venganza; pero el cielo
mi inocencia y mi voz oye,
pues a detenerle quiso
que con él se abrace un hombre:
mis plantas, antes pesadas,
las dispongo tan veloces,
porque tiene alas el miedo
cuando es el riesgo conforme,
que a vuestra casa a ampararme
llego entre confusa y torpe;
la obligación de mis padres,
si no os anima os provoque;
infeliz soy, sin belleza,
valiente sois, y sois noble
soldado sois, y obligado;
pero ni mis turbaciones
ni el ruido que ahora escucho,
me han dejado que os informe;
perdónad que me anticipe,
y que en esta cuadra logre

la seguridad al riesgo,
y el alivio a mis temores.

(Escóndese ella en la cuadra del otro.)

(Sale don Alonso.)

Don Alonso   Don Lope, ya estoy aquí;
                    ¿Dónde está don Luis, don Lope?
                    para que con el castigo
                    también su venganza logre.

Don Luis   (Aparte a la puerta.)
                    Don Alonso entra a buscarme.

Aurora   (Aparte a la otra.)
                    Mi hermano ha llegado; vióme.

Don Alonso   Don Lope, ¿no respondéis?

Don Lope (Aparte.) (¡Hay mayores confusiones!)

Don Alonso   Que después que con su sangre
                    la difunta sangre cobre,
                    he de buscar a mi hermana,
                    que fugitiva la esconde
                    de mi razón y mi agravio
                    la confusión de la noche.

Don Lope   ¿Pues dónde está vuestra hermana,
                    decid, don Alonso?

Don Alonso   Huyóse,
                    pues juzgando mis amagos

airadas ejecuciones,
lo que callaba en agravios
me lo declaró en temores;
que el acero es un espejo
donde se ven las traiciones;
cuando indignado me arrojo,
conmigo un hombre abrazóse,
detúvome un breve rato,
ella fugitiva corre,
voy tras ella, no la alcanzo;
¿Más para qué se interrumpen
con este menor agravio
estas venganzas mayores?
¿Adónde don Luis está?

Don Lope   Ni te indignes ni te apasiones,
(Aparte.)   (Llevarle de aquí me importa,
que si por mi cuenta corren
el pundonor de honra vida,
miraré sus pundonores.)
yo te entregaré a don Luis,
y así porque no se borren
del papel de tu nobleza
las hazañas y blasones,
vamos a buscar los do
(Aparte.)   (Bien mi intento se dispone)
a tu hermana: porque así
tu intención no se malogre,
en ella un agravio pierdes,
cuando en él tu fama cobres.
A lo difícil primero
será razón que te arrojes,
primero Aurora parezca,
que será lo que te importe.

	Que en don Luis luego tendrás seguras satisfacciones.
Don Alonso	En fin, don Lope, mi amigo, ¿segunda vez me propones que a don Luis me entregarás?
Don Lope	Ni lo dudes ni lo ignores.
Don Alonso	Pues a buscarla salgamos.
Aurora (Aparte.)	(¡Si él se va, templaos dolores!)
Don Luis (Aparte.)	(Si él se va, a Aurora he de hablar.)
Don Alonso (Aparte.)	(No la ocultes, negra noche.) vamos, vamos a buscarla.
Don Lope (Aparte.)	(Lo que mi piedad dispone es asegurar a Aurora, cumpla mis obligaciones, de éste amansar la venganza, de éste templar los rigores, no dejar estos afectos que se junten o se arrojen, que al fin le entibia la ira, cuando el tiempo se interpone.)

(Vanse.)

(Sale Aurora.)

| Aurora | Ahora, que ya se fue,
cesad, villanos temores, |

irme a otra parte es preciso,
que aquí grande riesgo corre
mi vida, y así...

(Sale don Luis del cuarto.)

Don Luis   Detente,
                 bella Aurora, no revoques
                 en la revista de luz
                 la sentencia de tus soles.

Aurora   ¿Quién es? ¿Pues cómo tú aquí?

Don Luis   Aurora, ¿no me conoces?

Aurora   No te conozco, traidor.

Don Luis   Soy...

Aurora   Detente, no te nombres,
                 llegan tarde tus verdades.

Don Luis   Tente, Aurora.

Aurora   Daré voces
                 para que mi hermano vuelva
                 y en los dos venganza tome.

Don Luis   Advierte...

Aurora   No me detengas,
                 don Alonso.

Don Luis   No se arrojen

para una dudosa muerte,
intrépidos tus rigores,
¿Qué acero como tus ojos?
templa con piedad acorde
tu castigo con mi culpa,
si hay culpas donde hay pasiones.
Riñeme, Aurora, descansa,
que tiempo habrá en que me abones,
o tu planta este áspid pise
encontrado entre las flores.

Aurora   Di, ¿si engañaste un afecto
tan vergonzoso y tan dócil,
que si se arriesgó en palabras,
se escandalizó en colores;
traidor, si con las ternezas
engañaste y con el nombre,
con la fineza en crueldades,
con la caricia en traiciones?
y di si a Estrella querías,
(Nunca amor te lo perdóne,
pues tenías dos objetos,
tuvieras dos corazones)
fuiste a verme (¡oh nunca fueras!)
cubriste el rostro, y conoces
la cara de la traición
dijo tu delito a voces:
a otra vez que engañar quieras
a otra que tu intento ignore,
dos instrumentos traerás
que dos semblantes embocen;
a dos a un tiempo engañabas.
Mas eso proprio te abone,
somos poco dos mujeres

                          para engañarlas un hombre
                          cuando...

Don Luis   Escúchame, Señora.

Aurora   Antes porque no se apoyen
                          en mi oído tus engaños,
                          tengo de irme.

Don Luis   No blasones
                          del triunfo de mi humildad.

Aurora   Déjame.

Don Luis   Mi error perdone,
                          que en esta puerta clavado
                          he de ser peñasco inmóvil.

(Póngase a la puerta porque no salga.)

Aurora   ¿Qué me pides?

Don Luis   Que me escuches.

Aurora   No es posible.

Don Luis   Aurora, oye
                          y castígame con irte,
                          cuando no te desenoje.

Aurora (No le mira.)   Si haré, mas no he de mirarte;
                          no quiero, que tus acciones
                          puedan más que mis verdades,
                          y que con semblante doble,

camaleón de tu engaño,
de mi color te trasformes.

Don Luis   La estrella en la noche luce
la aurora a las nieblas rompe,
¿Pues quién mirando la Aurora
se ha acordado de la noche
del mar oscuro seis años,
con una Estrella de Norte?
piloto de amor errado,
discurrí los horizontes,
encontré puerto en el Sol,
y aferraron mis dolores.
Rumbo Estrella es que me deja,
Sol eres tú que me acoge.
No porque yo le quisiese
tu indignación te provoque,
que allí tuve los ensayos
y aquí representaciones.
No, que me embocé, fue culpa,
cortesía si la nombres,
que si mi amor descubierto
a ella olvida y a ti escoge,
bástale el secreto olvido
que sentirán sus ardores,
sin que el público desprecio
groseramente le enoje.
El nombre te recaté.
Ya sabes las ocasiones
que tuve para ocultarle,
y no es justo que las nombre,
que no es razón, que aun mi amor
tu noble sangre alborote.
Si un mes habrá que de Flandes

vine encubierto a esta corte,
y en un mes, como lo sabes,
no la han visto mis pasiones,
¿qué satisfacción esperas,
o que recompensas coges?
ea, mi bien, las finezas
me castigas por errores,
la lisonja haces delito,
no permitas que se ahogue
de mis penas en un pecho
todo el corriente desorden
de tus indignados ojos
los divinos resplandores.
La tiniebla del engaño,
o la rinden o la postren,
porque yo...

Aurora   Tente, don Luis,
deja las satisfacciones,
que es tanto lo que te quiero
(bien pienso que lo conoces),
que te creí el desengaño
aun antes que me le informes.

Don Luis   Pues ¿qué me ordenas, Señora?

Aurora   Que en la cárcel te aprisiones
de mis brazos, que son redes
que solo los celos rompen.
(Abrázanse.)   Mas no, no me des los brazos,
que temo que se equivoquen
viéndose juntas las almas
en nuestros pechos conformes;
vete, don Luis, a tu cuarto,

	no sea que mi hermano torne y juntos nos halle hablando.
Don Luis	¿Hasta cuando lo dispones?
Aurora	Hasta que luciente el alba que es sumiller de la noche corra la verde cortina a los prados y a los montes.
Don Luis	En grande riesgo nos vemos.
Aurora	Obren las desdichas, obren: no parece que es amor el que no tiene pensiones.
Don Luis	Sin los peligros, bien dices, ¿Que amantes hay que se adoren?
Aurora	¿No te vas a recoger?
Don Luis	Tú, Aurora, ¿no te recoges?
Aurora	Donde hay memoria no hay sueño.
Don Luis	Y donde hay amor no hay noche.
Aurora	Centinela es el deseo que el campo del amor corre, pues la muralla es mi fe.
Don Luis	¿Qué seguridad la pones?
Aurora	Del corriente de mis ojos

solo la harán mis dolores;
vete, don Luis.

Don Luis   Ya me voy.

Aurora   ¡Oh, quiera el cielo que logres
en decente yugo el premio
que te ofrecen mis favores!

Fin de la segunda jornada

Jornada tercera

(Salen don Lope y Moscón.)

Don Lope	Ya estamos solos, Moscón; ¿A qué a solas me has llamado, todo el semblante turbado, y confusa la razón? ¿Qué traes? ¿qué te ha divertido? ¿Qué quieres de tus pasiones?
Moscón	Que me escuches dos razones cuatro dedos del oído.
Don Lope	No hables muy recio, porque don Luis, mi amigo, y Aurora, en las dos cuadras ahora se recogen.
Moscón	Ya lo sé, que anoche, si lo advertís, todo me lo dijo el ama, ella hizo a Aurora la cama, y yo otra cama a don Luis.
Don Lope	Como tan tarde he venido, no los quiero despertar; mas luego pienso llamar, supuesto que ha amanecido; di.
Moscón (Aparte.)	(Preguntarle es forzoso si es duelo mi bofetada.) señor, el caso no es nada,

mas yo soy escrupuloso;
no es nada.

Don Lope   Pues ¿qué te paras?
dilo, y olvida esos miedos.

Moscón   Con no más de cinco dedos
me han dado en toda la cara.

Don Lope   ¿Eso sufriste? oye, espera;
mas es que lo escuche yo;
¿Quién te dio, y cómo te dio?

Moscón   Señor, de aquesta manera.

(Vale a dar a su amo una bofetada.)

Don Lope   Quita, pícaro, bufón,
¿Y tan deshonrado, estar
(Cuando me ves enojar)
de chanza en esta ocasión?
¿No te corres de decirlo?

Moscón   Tiempo hay, yo me correré.

Don Lope   Pues dime, ¿sobre qué fue?

Moscón   ¿Sobre qué? sobre un carrillo.

Don Lope   Oye, ¿qué es lo que te dio,
fue puñada o bofetada?

Moscón   ¡Oh! si me diera puñada,
no se lo sufriera yo.

Don Lope	Eso era menos.
Moscón	No sé cual de los dos es mejor.
Don Lope	A mano abierta es peor.
Moscón	Pues de esa manera fue.
Don Lope	¿Qué aqueso un hombre consiente? otra cosa hay que dudar ¿Sonó al llegártela a dar?
Moscón	Lo que es sonar, bravamente.
Don Lope	Pues si tú, tu agravio infieres, y si tu deshonra ves, estando a solas, ¿cuál es lo que preguntarme quieres?
Moscón	Señor, el golpe supuesto, y supuesto el bofetón, saber quiero en conclusión...
Don Lope	Dilo.
Moscón	Si quedé bien puesto.
Don Lope	¡Qué esta razón llegue a oírle! ¡Quién tal ignorancia vio! cuando el bofetón te dio, ¿Qué hiciste tú?

Moscón	Recibirle.
Don Lope	En fin ¿no te satisfizo? cuando el bofetón te dio, ¿te hizo cara?
Moscón	Cara no, porque antes me la deshizo.
Don Lope	¿Que esa ofensa en ti no labre indignar la espada airada?
Moscón	Dice el miedo: «A estotra espada, que esta vaina no se abre».
Don Lope	Buscar quiero otro criado, supuesto lo que le pasa, que no ha de estar en mi casa hombre que está deshonrado.
Moscón	¿Qué medio hay entre los dos?
Don Lope	Morir noble y temerario.
Moscón	Pues págueme mi salario, y quédese usted con Dios.
Don Lope	De suerte, Moscón, de suerte que cuando agraviado estás ¿aun valor no mostrarás de vengarte con su muerte?
Moscón	¿Luego con su muerte gana mi deshonra mi opinión?

Don Lope	Así habrá satisfacción.

Moscón

Hablará para mañana:
lo que usted me ha advertido
es lo que llega a importarle;
¿Hay más que decir matarle,
y hubiérale yo entendido?
ahora, don Lope, pues,
coraje y valor me sobra,
a él, manos a la obra:
buen corazón, y ahora sús;
pues su alivio me despierta,
voy a matarle derecho.

Don Lope

Hasta volver satisfecho,
no me entres por esta puerta.

Moscón

Vos veréis lo que yo hiciere.

Don Lope

Que has de darle muerte, espero.

Moscón

No está más de que él se muera
del golpe que yo le diere.
Pregunto, pues sabéis de esto;
si por valor o por suerte,
él me diera a mí la muerte,
¿cuál quedará mejor puesto?

Don Lope

Tú, Moscón, vete con Dios,
y de tu venganza trata.

Moscón

Pues por Dios, que si me mata
que me he de quejar de vos.

Don Lope	Pues esto se ha declarado,
	a don Luis voy a llamar,
	porque le quiero contar
	lo que esta noche ha pasado.
(Llama a la puerta.)	¡Ha, don Luis!
Moscón	Oye, Señor,
	¿Será bueno en este aprieto
	llevar un famoso peto
	hecho a prueba de doctor?
Don Lope	Corazón y manos, loco,
	son las que dan opinión.
Moscón	No la dará el corazón,
	pero las manos tampoco.
Don Lope	Vete.
Moscón	Voyme; mi dolor
	a darle muerte me inclina.
	¡Quién supiera Medicina
	para matarle mejor!

(Vase Moscón, y abre don Luis la puerta.)

Don Luis	¿Quién me llama?
Don Lope	Don Luis, yo;
	¿Tan presto os habéis vestido?
Don Luis	Ni aqueste alivio he tenido.

Don Lope	¿No habéis descansado?
Don Luis	No.
Don Lope	No hay enfermedad peor que un grande desasosiego.
Don Luis	Con cuidado no hay sosiego, ¿Cómo le habrá con amor? pero el penoso suceso de anoche me ha divertido contad lo que ha sucedido.
Don Lope	Oíd, don Luis, el suceso: luego que anoche os dejó bien seguro mi cuidado, y en esta cuadra del lado aurora hermosa quedó, con don Alonso salí; calles y casas miré, que la guardaba callé, que la buscaba fingí. Y de ciego o de imprudente tanto su error atropella, que hasta la casa de Estrella discurrió descortésmente.

(Hablan los dos, sale por detrás Otáñez con Estrella, y están los dos de espaldas, y Otáñez con unas ascuas de lumbre.)

Otáñez	Entra poco a poco, si te tengo de obedecer. Pero ya no puede ser; que mi Señor está aquí.

Estrella	Prosigue, y no tengas miedo.
Otáñez	A no traer tantas faldas, te pudiera hacer espaldas.
Estrella	Ya voy tras ti.
Otáñez	Llega quedo, mi amo está divertido.
Estrella	Sin miedo voy, voy celosa.
Otáñez	¡Que por ser yo tan chismosa en esto me haya metido!
Don Luis	Pero don Alonso ignora que a vos se vino a amparar.
Otáñez	¿Quién me ha metido en contar que estaba en mi casa Aurora? señora, en este aposento primero os podéis entrar.
Estrella	Desde aquí podré escuchar. ¡Cuidados, lograd mi intento!

(Éntrase Estrella donde estaba don Luis; Otáñez a la puerta.)

Otáñez	Allá dentro se coló; las enaguas y el crujido de la seda hacen ruido.
Don Luis	¿Quién aquí se ha entrado?

Otáñez	Yo.
Don Lope	¿Dónde vienes?
Otáñez	De traer, que esto mi servicio trata, para poner la piñata, un ascua para encender.
Don Lope	¿De casa de Estrella?
Otáñez	Sí; y su criada me la dio.
Don Lope	¿Hablaste con ella?
Otáñez	No.
Don Lope	Otáñez, vete de aquí; porque en este zaguán quiero que te bajes a esperar, y a nadie dejes entrar sin avisarme primero.
Otáñez	Que me place, di en el punto; los chismes son soberanos, untóme Estrella las manos, hízome provecho el unto. Que este don Luis y esta Aurora durmieron aquí conté; si ellos velaron no sé, que solamente sé ahora, que yo dije lo que pasa.

que Estrella cuando lo oyó,
me pidió, pagó y rogó
que la trajese a mi casa,
que como ven la escondí,
que entre su ira y su rigor,
ella cumple con su amor,
yo con mi oficio cumplí.
Y pues que escondida toman
satisfacción sus recelos,
allá se lo hayan sus celos,
con su riesgo se lo coman.

(Vase.)

Don Luis   ¿Que no hallándola, decís
se fue luego a recoger,
y que lo habéis de ir a ver
a su casa?

Don Lope   Sí, don Luis.

Don Luis   ¿Luego seguros quedamos
que no ha de venir aquí
don Alonso?

Don Lope   Amigo, sí;
puesto que solos estamos,
podemos llamar ahora
y contarla lo que pasa,
puesto que no hay nadie en casa,
al aposento de Aurora.

Don Lope   Cerrado está por de dentro.
Llamad vos.

Don Luis	Yo llamaré;
	el diamante de mi fe
	busca sus ojos por centro.
	¿Aurora?

(Llama a la puerta donde quedó Aurora al fin de la primera jornada.)

Don Lope	No ha respondido;
	pues bien cerca de aquí está.
Don Luis	No responde; ¿qué será?
Don Lope	Sin duda no se ha vestido.

(Sale Otáñez.)

Otáñez	Señor.
Don Lope	¿Qué queréis, Otáñez?
Otáñez	Una palabra en secreto,
	con licencia de don Luis,
	decirte a este lado quiero.
Don Lope	Decid, que con mis amigos
	no he menester cumplimientos.
Otáñez	El paso desconcertado,
	desiguales los efectos,
	equivoca la color,
	declarado el sentimiento,
	don Alonso viene a hablarte.

(Apártanse a hablar Otáñez y don Luis.)

Don Lope (Aparte.)   (Pues ¿qué le obliga, supuesto
que habiendo de ir a buscarle,
viene a buscarme primero?
don Luis me hace estorbo aquí,
si ahora pedirle intento,
diciéndole lo que pasa,
que se retire allá dentro
no ha de querer esconderse;
y tendrá razón, supuesto
que se baja a ser cobarde
el que sube a ser muy cuerdo.
Pero un remedio he pensado.)

(Habla con don Luis.)   Una dama, a quien yo debo,
con la obligación de amante
de puntual los preceptos,
viene a buscarme, y no quiere
que vos lo veáis, y ruego
que a este cuarto os retiréis.

Don Luis   Adonde salí me vuelvo,
que no estorbar a don Lope
es del amor mandamiento.

(Va a entrarse en la cuadra donde está Estrella.)

Don Lope   Esperad, no entréis, don Luis.
(Aparte.)   (Si él se entra en este aposento,
ha de escuchar lo que pasa.)
mi cuarto está más secreto,
a esotra pieza os pasad.

(Entra en otra pieza.)

Don Luis	Lo que mandas obedezco.
Don Lope	Dile que entre.
Otáñez	Voy al punto.
	Pero él se ha entrado acá adentro.

(Sale don Alonso.)

Don Alonso	Guardeos el cielo, don Lope.
Don Lope	Don Alonso, ¿qué hay de nuevo?
	que en la voz, como en los pasos,
	tropezáis a un mismo tiempo,
	decid, ¿qué traéis? Hablad.
Don Alonso	No estoy para responderos.
Don Lope	¿Qué intentáis?
Don Alonso	Hablemos claro.
	Señor don Lope, yo vengo
	a examinar vuestra casa,
	o bien convengáis en ello
	templada o violentamente,
	o bien amigo o resuelto.
	Vuestro criado me ha dicho
	que vos guardáis encubiertos
	a mi hermana y a don Luis
	dentro de este cuarto mesmo.
	Y aunque yo no lo he creído,
	ni en vos tal agravio entiendo,
	por el escrúpulo solo

me he determinado a verlo.

(Sale Aurora a la puerta donde llamó don Luis.)

Aurora   Don Luis fue quien me llamó,
heme vestido, y ya vengo.
Pero mi hermano está aquí,
volverme es fuerza; mas quiero,
escuchando lo que pasa,
hacer ánimo del miedo.

(Quédase allí.)

Don Lope   Don Alonso, ¿estáis en vos?
¿Vos tan grande desacierto?
¿Más puede en vos una ira
que puede un entendimiento?
¿El engaño de un criado
con mi amistad habéis puesto
concepto en mi obligación?

Don Alonso   Ya os digo que no le creo;
mas sea verdad o engaño,
dejámelo ver, supuesto
que he venido sospechoso
y he de volver satisfecho

Don Lope (Aparte.)   (¡Válgame Dios, qué he de hacer!
yo estoy en muy grande aprieto,
si le impido que no entre
es descubrirle el secreto;
y si entra, es fuerza encontrar...)

Don Alonso   Acabad ya, resolveos.

Don Lope (Aparte.)   (A don Luis en esta cuadra,
                     a Aurora en este aposento.
                     Si riño, saldrá don Luis;
                     pero ya advierto un remedio;
                     el se ha de entrar a esta cuadra,
                     porque está abierta primero.)

Don Alonso   Ea, don Lope, venid,
                     que a mirarlo me resuelvo.

Don Lope (Aparte.)   (Y supuesto que no hay nadie
                     dentro de ella, al mismo tiempo
                     que entre a verla sacaré,
                     libres ya de tantos riesgos,
                     a don Luis desde mi cuadra,
                     y a Aurora de su aposento.)
                     mirad esas piezas, ea.

Don Alonso   Esta quiero ver primero.

(Va a mirar la cuadra en que está don Luis.)

Don Lope (Aparte.)   (El entra allá, y le ha de hallar.)

Don Alonso (Aparte.) (Por Dios, que tengo un recelo,
                     que es posible, y muy posible,
                     que me salga verdadero:
                     si dentro no hallase a nadie,
                     y en tanto que yo lo veo,
                     sacase a los dos don Lope
                     de esta cuadra, ¿no me quedo
                     satisfecho y engañado?
                     pues ¿cómo, oh noble recelo,

ya que me das la sospecha,
no me da industria el ingenio?
pero ya un ardid elijo,
con que asegurarme puedo:
no entrar dentro de ninguna.)

Don Lope   Ea, ¿de qué estáis suspenso?

Don Alonso   Este es el medio mejor,
                    verlo desde afuera quiero;
                    yo os obedezco, don Lope.

(Llégase a la puerta de Estrella.)

Don Lope (Aparte.) (Entendióme el pensamiento.
                    ¡Oh lo que vive un peligro!)

(Mira a la puerta de Estrella, y vela cubierta.)

Don Alonso   Aurora es, viven los cielos,
                    la que para su venganza
                    se ha echado el manto por velo:
                    ¿Veis don Lope?

Don Lope   ¿Qué decís?

Don Alonso   Como...

Don Lope   Decídmelo presto.

Don Alonso   Está aquí.

Don Lope   ¿Quién está aquí?
                    salga quien... ¡Qué es esto, cielos!

(Sale Estrella echándose el manto.)

Estrella   ¡Hay tan infeliz mujer!

Don Alonso   ¿Habéis visto como tengo
                                    aun más razón que sospechas?
                                    ¿Habéis visto como os debo
                                    más engaños que amistades?

Aurora (Aparte.)   (Si es Estrella ¡oh viles celos!
                                    la que con don Luis oculta
                                    estaba en mi cuarto mesmo.)

Don Lope (Aparte.)   (¿Aurora en aquesta cuadra?)
                                    don Alonso, yo no quiero
                                    volver por mí en este caso;
                                    mas por esta dama vuelvo.

Don Alonso   Yo he de llevarla.

Don Lope   Eso no;
                                    ya está rompido el secreto;
                                    pues que soy quien la encubrí,
                                    yo soy el que la defiendo.

(Pónese delante y empuña la espada.)

Don Alonso   ¿Esto es ser amigo?

Don Lope   Sí,
                                    ¿Quién creerá que en estos riegos,
                                    por ser amigo leal,
                                    ingrato amigo perezco?

Don Alonso   Aunque vos y aunque don Luis
                    saliese aquí a defenderlo...

(Diga recio este verso.)

(Sale don Luis de la cuadra de don Lope.)

Don Luis   ¿Quién llama a don Luis aquí?

Estrella   ¡Hay tan extraño suceso!

Don Lope   ¡Que esto me haya sucedido!

Aurora   ¡Qué es esto, injurias!

Don Luis   ¡Qué veo!
                    Aurora está aquí cubierta,
                    y don Alonso resuelto
                    con su sangre y con mi sangre,
                    labrar querrá a un mismo tiempo,
                    aquí una injuria precisa,
                    y allí un agravio supuesto.
                    Pues vuestra voz, don Alonso,
                    el imán fue de mi acero,
                    y pues a esta ocasión vine,
                    a defender me resuelvo
                    la inocencia de esta dama,
                    como de mi sangre el duelo.
                    La principal es a ella,
                    porque amante la venero,
                    y porque la adoro firme,
                    dos en mí son los extremos.
                    Uno es en vos el valor,

vuestros accidentes veo,
pues mezclad en vuestros daños,
médico del sentimiento,
al veneno del amor
la triaca del acero.

Aurora (Aparte.)   (Que la quiere ha confesado;
dejadme, villanos celos.)

Estrella (Aparte.)   (El piensa que soy Aurora,
y es sin duda, que por eso
dice que me quiere a mí.)

Don Alonso   ¿Quién vio con un duelo mismo
en tres objetos distintos
cuatro agravios manifiestos?
vos, don Luis, me derramasteis,
o de hidrópico y sediento,
aquí la sangre del alma,
y allí la sangre del cuerpo.
Vos sois amigo engañoso,
si no enemigo secreto,
y esta, que su nombre callo,
porque el pronunciarlo temo,
que ha de salirse mi sangre,
porque la suya consiento,
es la que me ofende más;
pues para vengar sangriento
en todos tres mis agravios,
por esta ofensa comienzo:
¡Muere, ingrata! porque así...

(Vale a dar con la daga, y descúbrase.)

Estrella	Don Alonso, deteneos, que aun no quiero que encubierta me estéis perdiendo el respeto.
Don Luis (Aparte.)	(No era Aurora, vive Dios.)
Don Lope (Aparte.)	(¿Estrella aquí? no lo entiendo.)
Aurora (Aparte.)	(Bien digo yo que es Estrella.)
Don Alonso (Aparte.)	(¡Qué torpe me considero; libertéme del agravio, y he tropezado en los celos.)
Don Lope	Pues ¿cómo vos desta suerte?
Estrella	Tiempo hay para responderos, que ahora, señor don Lope, aunque quisiera no puedo.
Don Luis (Aparte.)	(Pues que no entiendo este enigma con estar ya descubierto...)
Don Alonso (Aparte.)	(Pues ha sanado este mal, y otra dolencia conservo...)
Estrella (Aparte.)	(Pues que no me han dado nada, o de airados o soberbios...)
Don Alonso (Aparte.)	(Pues que tengo averiguados mis agravios y mis celos...)
Don Luis (Aparte.)	(Pues don Alonso me busca, y estoy en tan grande aprieto...)

Estrella (Aparte.)	(Con cumplir mi obligación, saldré de tantos empeños.)
Don Alonso (Aparte.)	(Con derramar esta sangre, estotra sangre remedio.)
Estrella (Aparte.)	(Con decirles mis enojos, mi amor engañado vengo.)
Don Luis (Aparte.)	(Con solo reñir con él cumplo como caballero.)
Don Lope	Ah, don Alonso, seguidme, que ya se ha llegado el tiempo en que mi palabra cumpla; vos, don Luis, haced lo mesmo; y porque nos vamos juntos, siguiéndonos desde lejos, donde fuéremos llegad.
Don Alonso	Salid, que ya os obedezco.
Don Luis	Yo voy tras vos, don Alonso.
Don Lope	Quedo, no salgáis tan presto.
Don Luis	Pues ea, salid delante.
Don Lope	Mi palabra cumplir debo. Vos, Estrella, podéis iros. Yo sabré este engaño luego.

(Vase.)

Don Alonso	Llegó el plazo de mis iras.
Aurora	Deme mi valor aliento.
Don Luis	Voy tras él.
Estrella (Dentro.)	Oye, don Luis.
Don Luis	Ahora, Estrella, no puedo.
Estrella	Advierte...
Don Luis	Déjame, Estrella.
Estrella	Que en mi ofensa...
Don Luis	¿En qué te ofendo?
Estrella	¿Quieres a Aurora?
Don Luis	Es engaño.
Aurora	Pues si es engaño, ¿qué espero?

(Sale Aurora a la puerta.)

Viven los cielos, traidor,
que para matarte pienso
de mi razón y mi agravio
forjar mejor instrumento.

Don Luis	Aurora, aunque a Estrella dije...

Estrella	Di, ¿qué dijiste?
Aurora	Eso intento.
Don Luis	Que no te quiero...
Aurora	Es verdad.
Don Luis	Yo, Señora...
Aurora	Dilo luego.
Don Luis	Quiero solo.
Aurora	¿A Estrella?
Estrella	¿A Aurora?
Don Luis (Aparte.)	(Si una admito, otra desprecio; pero es fuerza.)
Aurora	Habla, don Luis.
Don Luis	Decir a la que obedezco.
Estrella	¿No te declaras?
Aurora	¿No hablas?
Don Lope	Don Luis, ¿qué hacéis allá adentro? acabad ya de salir.
Don Luis	Aurora, Estrella, no puedo, cuando el honor me provoca

acudir al amor ciego;
y así, entre el amor y honor
el honor es el primero.

(Vase.)

Estrella   ¡Que esto consienta mi enojo!

Aurora   ¡Que mi amor tenga este premio!

Estrella   A mí me estima don Luis.

Aurora   Yo tengo el merecimiento.

Estrella   Primero amor es durable.

Aurora   Más se estima el amor nuevo.

Estrella   El dirá que a mí me adora;
                  mas esta cuestión dejemos,
                  a mi casa venid, donde
                  de mi amor con los sucesos
                  conocerás tus errores.

Aurora   Vamos, que en ella pretendo
                  que conozcas tus engaños.

Estrella (Aparte.) (¡Ay, que temo!)

Aurora (Aparte.)   (¡Ay, qué recelo!)

Estrella (Aparte.) (Que si él a Aurora encubría...)

Aurora   Que si él a Estrella ha encubierto,

	quiere a Estrella.
Estrella (Aparte.)	(A Aurora estima.)
Aurora (Aparte.)	(Pues diga mi desconsuelo...)
Estrella (Aparte.)	(Pues diga mi agravio a voces...)
Aurora (Aparte.)	(En palabras...)
Estrella (Aparte.)	(En incendios...)
Las dos	Nadie crea en los hombres lisonjeros
	que engañan amando
	y obligan fingiendo.

(Vanse las dos.)

(Sale Moscón con un rosario.)

Moscón	No es nada, el señor Moscón,
	porque sepan lo que pasa,
	está ya en campaña rasa
	a cumplir su obligación.
	Enviéle un bravo papel
	a Fernandillo esta tarde,
	para que en San Blas me aguarde,
	y un reto tendido en él.
	Rezar por él es forzoso,
	pues su muerte es evidente;
	un hombre ha de ser valiente,
	pero ha de ser muy piadoso.
	Él morirá mal logrado,
	y perdonarle quisiera,

porque esta fue la primera
bofetada que había dado.
Pero según la asentaba
en la parte que caía,
me pareció a mí que había
mil años que abofeteaba.
Mas déjenme que me espante
de un disparate profundo;
¡Que haya quién riña en el mundo
sin una tabla delante!
demos que a las hojas llego;
demos También que me dan,
¿Por qué parte me darán
que no haya responso luego?
ello hay heridas mortales
en todas las ocasiones:
el hígado, los riñones,
los muslos, los atabales,
un corazón, dos tetillas,
en la boca un paladar,
y en el arca del cenar
treinta varas de morcillas;
dos sienes y dos orejas,
cuatro lagartos después,
dos ojos, si no son tres,
toda una frente, dos cejas;
una garganta vacía,
todo un estómago abierto;
¿Y con ser esto tan cierto,
hay quien riña cada día?
¡Oh qué hago de discurrir,
cuando es mejor animarme!
ahora bien, quiero ensayarme
como tengo de reñir;

la espada quiero sacar.

(Saca la espada.) Hé aquí que estoy esperando,
hé aquí que llega Fernando,
y yo le veo llegar.
—De esta manera, traidor,
pagarás la bofetada.
—No se la doy yo prestada.
—Pues ¿cómo? —Dada, Señor,
a satisfacer me arrojo
el duelo que en mí se halla.

(Riñe solo.) ¡Bravo, valor! riñe y calla;
—Toma, villano —iay mi ojo!—
aquesto es porque no temas,
si en un ojo que previenes,
que con las yemas le tienes,
yo te batiré las yemas.
—Pídote que me perdónes.
—El otro ojo has de perder.
—Sin dos ojos ¿qué he de hacer?
—Irte a rezar oraciones.
Digo que no hay que pedir,
ni que estarte arrodillando,
muere, cobarde Fernando.

(Sale Fernando.)

Fernando ¿Quién es? El ha de morir.

Moscón (Aparte.) (A qué mal tiempo ha llegado.)

Fernando ¿Qué era aquesto?

Moscón Señor, nada.

Fernando	Pues ¿por qué envaina la espada?
Moscón	Porque esto ya está acabado.
Fernando	¿Con quién la pendencia fue? ¿Con quién riñó el mentecato?
Moscón	Si tú no llegas, le mato.
Fernando	¿Quién era el hombre?
Moscón	No sé; mas una cosa le digo, que riñó con valentía.
(Aparte.)	(¡Oh cómo es gran bizarría alabar al enemigo!)
Fernando	Ea, pues, ya yo he llegado a reñir por su papel.
Moscón	¿A quién dice usted?
Fernando	A él.
Moscón	Mire bien que viene errado.
Fernando	Saque, pues, la espada ahora, y en sangre su acero tiña.
Moscón	¿Dos veces quiere que riña en un solo cuarto de hora?
Fernando (Mira el papel.)	El un papel me escribió; bien claro está, véle aquí.

(Saca el papel.)

Moscón	Pues ¿qué me faltara a mí, si hiciera esta letra yo?
Fernando	Léalo: ¡qué aquesto veo!
Moscón	Pues ¿qué es lo que quiere ver?
Fernando	Ea, ¿no empieza a leer?
Moscón (Lee el papel.)	Que me place: ya le leo. «Malas lenguas me han dicho que vuesa merced me ha dado un bofetón; yo no lo puedo creer de su cortesía; mas quién podrá cerrar la boca al vulgo, si no es que vuesa merced con su dadivosa mano se la tape. Díceme mi amo, que si no es dándole de palos, o sacándole sangre, no cumplo con mi obligación; a los palos no me atrevo porque me parece dificultoso; sacarle sangre no es fácil; y aunque reñir en campaña tiene el mismo inconveniente, le suplico a vuesa merced me haga merced de estar esta tarde a las tres en la cuesta de San Blas, y perdónarme estos enfados, donde ruego a Dios le dé buen suceso, que yo espero en él, y después en mí, que si dará. Su mayor amigo, Moscón.»
Fernando	¿Qué no es suyo?
Moscón	Señor, no.
Fernando	Pues cuyo sea no sé.

Moscón	Verdad es que le noté, pero no le escribí yo.
Fernando	Sin duda que está borracho, ¿No le toca a él reñir?
Moscón	No un muchacho le escribió; riña usted con el muchacho.
Fernando	En fin, hermano Moscón, ¿A ser cobarde se inclina? Él es un grande gallina.
Moscón	Peor fuera ser capón.
Fernando	¡Qué tenga tanto sosiego! estos le da mi paciencia.

(Dale de palos.)

Moscón	No me tiente de paciencia, mire usted que se lo ruego.
Fernando	Yo me voy.
Moscón	No, sino no.
Fernando	¿Qué dice?
Moscón	No, sino sí.
Fernando	En fin, es gallina aquí.

(Vase.)

Moscón	Y en principio lo fui yo.
	Hoy eternizo mí nombre
	con esta primera hazaña:
	si no saliera a campaña,
	¿Qué dijera de mí este hombre?
	ya estáis con honra, Moscón,
	bien podéis decir y hacer:
	ahora he echado de ver
	lo que importa el corazón.

(Vase.)

(Salen don Luis, don Lope y don Alonso.)

Don Alonso	¿Otra vez en vuestra casa?
Don Luis	Señor don Lope, decidnos,
	¿Porqué embotáis imprudente
	de mi cólera los filos?
Don Alonso	¿Sacaisnos de vuestra casa,
	y confuso y indeciso,
	otra vez a nuestro cuarto,
	nos volvéis a un tiempo mismo?
Don Lope	Es tan público en la corte
	que los dos sois enemigos,
	que apenas por esa calle
	cólera y pasión indigno,
	cuando se avivó en memoria
	la ceniza del olvido;
	todos a vos por la ofensa

y a vos por recien venido,
os miraban tan atentos,
que fueron a un tiempo avisos
los ojos de la atención
y la lengua del oído.
Pues trayendoos a mi casa
como noble y como amigo,
por sacaros de aquel riesgo
me ocasiono este peligro.
¿Otáñez?

(Sale Otáñez.)

Otáñez   Señor, ¿qué ordenas?

Don Lope   Dime.

Otáñez   ¿Qué quieres?

Don Lope   ¿Se han ido
aurora y Estrella?

Otáñez   Sí.

Don Lope   ¿Dónde fueron?

Otáñez   Imagino
que en casa de Estrella están.

Don Lope   ¿Vístelas ir tú?

Otáñez   Helas visto.

Don Lope   Pues vete También allá.

Otáñez	Obedecerte es preciso,
	y a las dos avisaré,
	como ahora se han venido
	los tres otra vez a casa.

(Vase.)

Don Lope	Cerrar quiero este postigo;
	ea, señor don Alonso,
	indignad el brazo altivo;
	ya está sin rienda el deseo,
	la ira con ejercicio.
	Ea, don Luis, ahora es tiempo,
	pues tan feliz habéis sido,
	que vuestra primera suerte
	corra igual con vuestro brío.
	Pero antes que en esta casa,
	donde se arguyen delitos,
	a consecuencias de acero
	el coral responda tibio,
	quiero saber de los dos
	si acaso habéis presumido
	posible dolo en mi fama
	o en mi amistad leve indicio.

Don Alonso	Yo estoy de vos sospechoso,
	porque habiéndome escondido
	a don Luis en vuestra casa,
	más parecéis mi enemigo,
	que mi amigo parecéis.

| Don Luis | Yo También estoy corrido, |
| | que de una dama toméis |

por achaque el amor fino,
y hagáis que de don Alonso
me retire inadvertido,
y vuestra industria parezca,
que es de mi temor asilo.

Don Alonso

Y siento que en vuestro amor
sea don Luis preferido.

Don Luis

Y siento que aquel afecto
prefiera el afecto mío.

Don Lope

De manera, que os quejáis,
porque como noble he visto
a vuestras ejecuciones
tantos rigores indignos,
vos, porque al uno prefiero,
vos, porque al otro anticipo,
pues para satisfaceros,
respondeos vosotros mismos.
¿Qué obligaciones os tengo,
don Luis? acabad, decidlo;
vos, don Alonso, acabad,
yo sé que en rogarlo os sirvo;
obligado estoy de entrambos,
mas si por verme remiso
pusisteis dolo a mi amor,
o necios, o inadvertidos,
para que los dos quedéis,
sin que haya por compasivo
quien impida a vuestras iras
la ejecución del cuchillo,
para que solos riñáis
segunda vez os obligo,

que digáis mi obligación,
o para mayor castigo
he de reñir con los dos,
y aun matarlos ofendido,
porque en tocando en mi honor,
no hay amigo para amigo.

Don Luis   Lo que mandáis obedezco.

Don Alonso   Yo obedeceros elijo.

Don Luis   Pasando el señor Infante,
que guarde el cielo mil siglos,
para basa en quien la fe
haga su cimiento fijo,
por aquel honrado lago:
breve golfo cristalino,
paréntesis, que en la tierra
lombarda se ha dividido,
una oscura noche, en quien
haciendo guerra a los riscos,
entre las aguas andaba
el ábrego introducido,
cayó don Lope en el lago,
los marineros activos
echan cuerdas, yo doy voces
cierra el aire los oídos;
no encuentra don Lope el cabo
entre los cristales fríos,
que era muy ciega la noche
aunque era lince el peligro.
Determinado y piadoso
el cabo a la mano aplico,
salto al agua, hallo a don Lope,

piadosamente le libro;
súbole a la barca yerto,
de nuevo le resucito,
y en alientos valerosos
renové los parasismos.
En Alemania después,
en aquel felice sitio
de Norlinguen, donde fueron
para el más justo castigo
de la justicia de Dios
dos hermanos los ministros,
seguía don Lope el alcance;
pero su fortuna quiso,
que diese con una tropa
de enemigos fugitivos;
los que siendo muy cobardes,
le hirieron tan ofendidos,
que el temor obra a deseo,
y es más sangriento su filo.
Que a no entender yo el suceso
y llegar a un tiempo mismo
con diez hombres, de los pocos,
claro es que me han entendido,
de aquellos que nunca saben
volver la espalda al peligro,
a las flores y a las yerbas
pagara en rojo rocío.
Pero en llegando a ayudarle
valerosos los rendidos,
piadosos los perdónamos,
españa tiene este vicio.
Y, en fin, quedamos a un tiempo,
los enemigos vencidos,
mis soldados satisfechos,

feliz yo, don Lope vivo.

Don Alonso   Pues mandáis que la refiera,
mi obligación os repito.
En nuestra primera infancia,
yo y don Lope, que es mi amigo,
tuvimos tanta amistad,
que juntos, siendo muy niños,
a un instrumento callamos,
a un arroyo nos dormimos;
estudio nos dio una edad,
otra el marcial ejercicio.
Y en estotra edad, en que
o por fruto o por aviso,
brota en el rostro la yerba
que regó el tiempo florido;
siendo capitán mi padre,
contra el holandés altivo
su bandera os dio, don Lope;
mas para qué en los principios
me estorbo, cuando en los fines
sus obligaciones libro;
contra vos me dio palabra
bien que el nombre no le he dicho,
de ayudarme como noble,
y ampararme como amigo.

Don Lope   Vosotros dos habéis sido
quien tomáis satisfacción,
pues con vuestra obligación
os habéis ya respondido;
¿Si fuerádes yo los dos,
en cuál balanza cargara?

Don Luis	Yo a don Alonso ayudara.
Don Alonso	Yo a don Luis, si fuera vos.
Don Lope	Esto mi amor aconseja.
Don Alonso	Esto es bien que aconsejase.
Don Lope	¿Luego aunque al uno ayudase, el otro no tendrá queja?
Don Luis	Fuera necio y importuno.
Don Alonso	Esa es También mi opinión.
Don Lope	Pues es mi resolución.
Don Luis	¿Qué?
Don Lope	No ayudar a ninguno, mi intento los dos sabed: ya, don Alonso, sospecho que de mi estáis satisfecho, de vos os satisfaced; con don Luis os dejo aquí. Ya os he traído al efecto, porque se os borre el concepto que habéis tenido de mí. Con igual razón unida reñís, y aun con una suerte, vos por vengar una muerte vos por guardar una vida; ea, vuestra cortesía a vuestro valor prefiera,

si os abrazáis, salíos fuera,
y reñid con bizarría,
pero con ventaja no.
El que al otro diere muerte,
no por más valor, por suerte,
llame, que aquí espero yo.

Don Luis   Pues que ya te vas, y pues
tu consejo noble sigo,
¿Quién de los dos es tu amigo?

Don Lope   Ninguno mi amigo es.
Ya quedáis solos los dos;
ea, sacad las espadas,
tiraos lindas estocadas,
no dar paso atrás, y adiós.

(Vase, y abre la puerta.)

Don Alonso   ¿Ninguno es tu amigo?

Don Lope   Digo,
que aunque hay tanta obligación,
en tocando a la opinión,
no hay amigo para amigo.

(Cierra la puerta, y sacan las espadas.)

Don Alonso   Pues daros la muerte espero.

Don Luis   Don Alonso, obrad, que es mengua,
que hable la voz de la lengua,
teniendo lengua el acero.

| Don Alonso | Digo, que muy bien decís, |
| | nunca es cuerdo el ofendido, |

(Cae don Luis en la capa.)

| | por la capa habéis caído, |
| | levantaos, señor don Luis. |

| Don Luis | ¿Por qué vuestra piedad es? |

Don Alonso	No consiente mi rigor,
	que pague vuestro valor
	lo que han hecho vuestros pies.
	Sin más ventaja que suerte
	de Félix la muerte fue,
	pues con ventaja, ¿por qué
	os tengo de dar la muerte?

Don Luis	Tanto me obligáis, por Dios,
	que aunque esta mi ofensa fuera,
	en esta ocasión quisiera
	dejar de reñir con vos.
	Mas puesto que vuestra fue,
	y es suya la obligación,
	mirad qué satisfacción
	buscáis, que yo la daré.

| Don Alonso | No hay satisfacción, supuesto |
| | que a don Félix no he vengado. |

(Abre la puerta, y sale don Lope.)

| Don Lope | Las espadas han cesado, |
| | ¡qué! ¿estáis parados? ¿qué es esto? |

don Luis, ¿qué os ha sucedido?

Don Luis
La capa al brazo apliqué,
descosióse, y puse el pie.

Don Lope
Y ¿qué es lo más?

Don Luis
                    Que he caído.

Don Lope
Y saber de vos espero,
¿qué hicisteis al tropezar?

Don Alonso
Yo, dejarle levantar.

Don Lope
Obráis como caballero;
¿y en qué os habéis resumido
siendo tan bizarro el hecho?

Don Alonso
Yo no me hallo satisfecho.

Don Luis
Pues yo me hallo agradecido.

Don Lope
Pues ¿qué llegáis a dudar?

Don Alonso
Aquí no hay que referir.

Don Luis
Yo no quisiera reñir.

Don Alonso
Yo le quisiera matar.

Don Lope
Para mejor distinguirlo,
si no mejor declararlo,
¿por qué vos queréis dejarlo,
y vos queréis proseguirlo?

Don Luis	Si me resuelvo en rigor,
	y soy desagradecido,
	pierdo mucho en ser vencido,
	y más en ser vencedor;
	el que oyere, que cai
	de torpe o de desgraciado,
	y habiéndome perdonado
	sangrienta muerte le di,
	que habrá de decir infiero,
	si a la voz de vida acudo,
	que anduve mal, pues él pudo,
	y no me mató primero.
	Más lealtad y más razón
	es templar este ardimiento,
	que no quiero vencimiento
	que me cueste la opinión.
	Y sirva de cuerdo aviso
	a quien se llega a juzgar,
	que yo me quise templar,
	y don Alonso no quiso;
	mas si airado se ofendiere
	con ver la satisfacción,
	cumpla yo mi obligación,
	y él haga lo que quisiere.
Don Lope	Vos, ¿qué queréis intentar
	si a este duelo satisfizo?
Don Alonso	Mancha que con sangre se hizo,
	con sangre se ha de lavar.
Don Lope	Que estáis engañado digo,
	templad esta indignación,

más castigo es el perdón
que viene a ser el castigo;
en mi opinión, yo sospecho,
que perdonar es vencer,
con no matarle y poder,
quedáis mejor satisfecho.
Si dejáis de ser cruel,
si noble le perdonáis,
cada vez que le encontráis
os estáis vengando dél;
que verse un hombre obligado
y no lo poder cumplir,
es la muerte del vivir,
si es discreto y es honrado;
y así mi consejo advierte,
que le diérades la herida
muchas veces con la vida,
y una sola con la muerte.

Don Alonso   Vuestro consejo he tomado;
¿mas don Luis ha de contar,
que yo le pude matar
y que yo le he perdonado?

Don Luis   A mí, ¿qué me importa? pues
caer no quita opinión
que entonces mi corazón
no estorba obrando en mis pies.

Don Alonso   Ya satisfecho se ve
de mi honor este recelo;
¿pero de mi amor el duelo
cómo lo satisfaré?
de estotro duelo primero,

¿cómo saldremos ahora?
don Luis a Estrella enamora,
y yo por Estrella muero,
su amigo soy; pero digo,
que si aspira a su favor,
en tocándome al honor,
no hay amigo para amigo.

Don Luis

Pues ea, apagad ahora
vuestra amorosa centella,
porque yo no quiero a Estrella.

Don Alonso

¿Pues a quién quieres?

Don Luis

A Aurora.

Don Alonso

¿Pues cómo sabremos bien
lo que vuestro celo advierte?

(Salen Estrella y Aurora.)

Estrella

Yo lo diré de esta suerte.

Aurora

Y yo lo diré También.

Estrella

Que hoy Otáñez me escondió
en esta casa diré,
y que en ella a Aurora hallé,
y ella en mí sus celos vio;
que vos me olvidáis aquí
os he venido a escuchar,
pues más razón es premiar
a el que me quisiere a mí.
Recibid el premio ufano,

que granjea el merecer,
pues hoy os vengo a ofrecer
mi voluntad y mi mano.

Aurora

Ya mi hermano os perdonó,
y estad, don Luis, satisfecho,
pues las paces que él ha hecho,
quiero confirmarlas yo;
que a mí me estimáis, es llano,
y que os dio la mano vi,
pues por mi hermano y por mí
os quiero yo dar la mano.

Don Lope

Ya sois amigos, mas digo,
que otro duelo habréis criado,
que siendo un hombre cuñado,
no hay amigo para amigo.

(Salen Moscón, Fernando y Otáñez.)

Moscón

Fernando y Moscón, contentos,
y Otáñez, juntos están,
que los testigos serán
de vuestros dos casamientos.

Fernando

De nuestra amistad, aquí
respondan nuestras dos manos.

Moscón

Somos como dos hermanos.

Don Lope

¿Estás satisfecho?

Moscón

Sí,
cuando tengo amigos buenos,

y que soy su amigo ven,
nunca he reparado en
un bofetón más o menos.

Aurora

Pues yo, de lo que he enredado,
perdón llegue a merecer.

Don Luis

¿Qué falta ahora que hacer?

Don Lope

Pedir perdón al senado.

Moscón

Y a un vítor También me obligo,
si algo con él se remedía;
mas si es mala la comedía,
no hay amigo para amigo.

Fin de la comedia

Libros a la carta

A la carta es un servicio especializado para
empresas,
librerías,
bibliotecas,
editoriales
y centros de enseñanza;
y permite confeccionar libros que, por su formato y concepción, sirven a los propósitos más específicos de estas instituciones.

Las empresas nos encargan ediciones personalizadas para marketing editorial o para regalos institucionales. Y los interesados solicitan, a título personal, ediciones antiguas, o no disponibles en el mercado; y las acompañan con notas y comentarios críticos.

Las ediciones tienen como apoyo un libro de estilo con todo tipo de referencias sobre los criterios de tratamiento tipográfico aplicados a nuestros libros que puede ser consultado en Linkgua-ediciones.com.

Linkgua edita por encargo diferentes versiones de una misma obra con distintos tratamientos ortotipográficos (actualizaciones de carácter divulgativo de un clásico, o versiones estrictamente fieles a la edición original de referencia). Este servicio de ediciones a la carta le permitirá, si usted se dedica a la enseñanza, tener una forma de hacer pública su interpretación de un texto y, sobre una versión digitalizada «base», usted podrá introducir interpretaciones del texto fuente. Es un tópico que los profesores denuncien en clase los desmanes de una edición, o vayan comentando errores de interpretación de un texto y esta es una solución útil a esa necesidad del mundo académico.

Asimismo publicamos de manera sistemática, en un mismo catálogo, tesis doctorales y actas de congresos académicos, que son distribuidas a través de nuestra Web.

El servicio de «Libros a la carta» funciona de dos formas.

1. Tenemos un fondo de libros digitalizados que usted puede personalizar en tiradas de al menos cinco ejemplares. Estas personalizaciones pueden ser de todo tipo: añadir notas de clase para uso de un grupo de estudiantes, introducir logos corporativos para uso con fines de marketing empresarial, etc. etc.

2. Buscamos libros descatalogados de otras editoriales y los reeditamos en tiradas cortas a petición de un cliente.